コースで　会心のショットが
百発百中になる

完全なゴルフスイング

超実践！スコアアップ編

体育学博士
PGA　A級ティーチングプロ

安藤 秀

現代書林

はじめに

私がティーチングプロになってはや26年という月日が経ちました。自分でも長いレッスン歴だと思うのと同時に、これまで歩んできたゴルフレッスンというフィールドで悪戦苦闘していた時期があることもよい思い出です。

ティーチングを始めてから8年間はわかりやすいレッスンをしたいという思いが強く、生徒さんたちのスイングデータを集めたり、先輩ティーチングプロにレッスン方法を聞いたりしながら、書籍やゴルフ雑誌を読みあさり、指導法を探したものでした。

この時期は「正しいゴルフスイングとはどういうものか?」「どうすればそのスイングを効率よく指導できるのか?」を考え続けました。その結果、私がたどり着いたのは「縦に腕を動かしながら体を横に回転させればゴルフスイングが作れる」という結論だったのです。

この考え方には、多くの生徒さんが納得してくれたこともあり、スクールはつねに満員となりました。

そこで私は、このスイング理論をより多くのゴルファーに伝えようと、一大決心のもと筑波大学大学院の門を叩いたのです。それは「この理論を学術論文にできれば多くの人に伝えられる」と考えたからです。

筑波大学ではスポーツ運動学研究室にお世話になりながら、恩師、朝岡先生のご指導のもとに博士論文を完成させ、私の理論は「コンバインドプレーン理論」という名前を頂戴することになります。

そして大学院卒業後、コンバインドプレーン理論は18冊にのぼる著書と数多くのＤＶＤによって世の中に紹介されますが、これによって生徒さんだけでなく多くのゴルファーの賛同を得ることができたのです。

日本国内でコンバインドプレーン理論が広まる中、この理論を世界のゴルフ研究者に紹介しようと、ゴルフの世界学会〝World Scientific Congress of Golf〟に3回ほど出席しました。

２０１２年はアメリアのアリゾナで、２０１４年はオーストラリアのゴールドコースト、そして２０１６年はイギリスのセントアンドリュースで、それぞれ〝Development of The New Swing Image and Exercise Method-The Combined Plane Theory-(2012)〟〝Constructing A Golf Swing Using The Combined-Plane Theory(2014)〟〝How to Teach Golf Swing With A New Swing Image(2016)〟という内容で発表しました。

コンバインドプレーン理論はゴルフスイングが「腕の縦の動き」と「体の横の回転」の

組み合わせから成り立つということを解明したものです。

この考えに基づくと、腕の縦の動きは右腕でクラブを振り上げ、左腕で振下ろすほうが効率よく力が使えます。さらに右腕は手首の動きを先行させて腕を動かし、左腕は上腕の動きが手首の動きを引き出すことで、フェースローテーションを少なくすることが曲がらないボールを打つコツであるとわかりました。

いっぽう、体の回転は、バックスイングは右足内側の筋肉で上半身の回転を止め、これにより発生する反動を利用して、左脚がダウンスイングからフォロースルーへ上半身を回転させるということが、ヘッドスピードを上げるのに重要ということもわかりました。

このコンバインドプレーン理論はゴルフクラブの振り方をイメージさせる「コンバインドプレーンイメージ」を通して、誕生以来、数多くのゴルファーに効率のよいクラブの振り方と覚え方を伝えることができました。

その結果、たくさんのゴルファーから、クラブの振り方がわかった、飛距離が伸びた、ボールが曲がらなくなった、再現性が高まったというお褒めの言葉をいただけたのです。

しかし、多くの賞賛の声をいただく反面、「練習場では上手く打てるようになったものの、ゴルフコースでは練習場のようなボールが打てないのはなぜか？」という質問も受けるようにもなったのです。

私は今までクラブの振り方に関して18冊の著書がありますが、確かに「正しいスイングをゴルフコースで行うにはどうしたらいいのか？」に関しては触れてきませんでした。

もちろん練習場で正しい動きを体に覚えこませ、癖をつけるということは大事なことです。しかし、それだけでは1ショットに多くの願望や恐怖感が生まれるゴルフコースでは、一回限りのショットを成功させるのは難しいことは確かです。

そこで、コースで上手く打てないという多くのゴルファーが抱える悩みを解決するために書いたのが本書です。

コンバインドプレーン理論は、もともとスイング中の四肢体幹の動きを明確にしているので、練習場とゴルフコースでどの部分の動きが大きく変わってしまうのかを割り出すことはさほど難しくはありません。

そこで、私は練習場では上手く打てるのにコースではミスショットばかりという現象を分析し、ゴルフコースと練習場で大きく変わってしまうのは「グリップを含めたアドレス」「スイング中のボールの見方」「右腕の力加減」であることにたどり着きました。

本書ではこれらがなぜコースに出ると練習場と違ってしまうのかの理由と、その対処法を解説しています。

また、練習場でただボールを打っているだけではOBや池があるコース環境に耐えられるスイングが作れないという観点から、ゴルフコースを見据えた練習法も解説しながら紹介しています。

ゴルファー自身が自らに無理な課題を科すことによってパフォーマンスを低下させているという事実にも触れ、目標とするスコアに対しての正しい要求を「ショットの質」という形で表しました。各ゴルファーが練習場で目指すべき自分レベルのショットの質の見分け方を解説し、各ゴルファーが練習場で「ショット許容範囲」を感じながらボールを打つことによって、ゴルフコースでのナイスショットを増やしていく方法も紹介しています。

ゴルフは確かに難しいスポーツですが、練習方法を間違えなければ十分結果が出せるのです。ラウンドのための練習では、練習場とゴルフコースの状況の違いを理解しながら練習することが大切です。コースラウンドを見据えた練習を行えば、「ゴルフコースでのナイスショット」を打つコツが必ず見つかることをお約束します。

２０２０年１月

安藤秀

目次

第2章　アドレスの変化への対策

第3章 顔の向きの対策

第4章　右腕のスイング対策

第5章　コースで上手く打つ対策

第1章

「練習場ではナイスショットなのに、コースに出るとミスばかり」の4つの理由

練習場でしかナイスショットが打てない……

「練習場シングル」

こんな言葉を聞いたことがありますか？

練習場だと素晴らしいショットを打てるのに、いざコースに出てみるとナイスショットどころかミスショットばかりで、なかなかスコアにつながらない人のことを揶揄した言葉です。

練習場シングルの人は仲間から、こういわれています。

「その球がコースでも打てたら、上級者なんだけどなぁ」

もちろん当の本人も、「なんでコースに出ると、練習場でのショットが打てないんだろう」と落ち込んだり、不思議がったりしているのです。

「そうそう、わかる。これは俺のことだ……」

としょんぼりしているあなた、どうぞご安心ください。

練習場シングルになってしまう理由と、その抜け出し方をお教えします。

あなたを「練習場シングル」にしている犯人は？

では、練習場シングルの原因とはいったいなにでしょうか？

一般的には、練習場は何回も繰り返し打てるので、打っているうちにナイスショットの感覚を体が思い出し、ナイスショットが出るようになる、といわれています。

しかし本当にそれが原因でしょうか？

もし、**何回も打つことでナイスショットの動きを体が思い出すことができるなら、コースに出たときに1回や2回は、完璧なショットが打ててもいいはず**です。

なにせ実際のコースに出て18ホール回れば、それなりの回数、ショットするチャンスがあるわけですから、この理由は通用しません。

もちろん、何回も打ち直しができるという意味ではなく、1ラウンドを通してみればショットする機会は何回もあるという意味です。

コースの緊張感が「練習場シングル」になってしまう理由ではない！

「いや、練習と本番は緊張感が違うよ」といった声も聞こえてきそうです。

もし**コースでのミスショットの原因が緊張感であるとすれば、リラックスして打てる状況の練習場ではほとんどミスショットが出ないことにならないでしょうか？**

よく思い出してください。きっと練習場でも、それなりの回数ミスショットを打ち、その中に何回かは納得のいくナイスショットが打てた。こんな状況ではありませんか？

要するにコースに出るとミスショットが出る理由は、緊張感でもないのです。

また、**練習場はマットなのに、コースは天然芝だからダフリやすいから、でもありません。もっと根本的な部分が間違っている場合がほとんど**です。

では、なにが練習場シングルに陥ってしまう原因なのか。この部分をもっと深く掘り下げていきましょう。

ここで少し付け足しておきますが、練習場でもナイスショットが打てない、というゴルファーの方は、２０１５年に上梓した拙著『会心のショットが百発百中になる完全なゴルフスイング』をお読みください。

再現性の高いスイングを手に入れるための方法を詳しく紹介しています。まずは基本的なスイングを習得してほしいと思います。

練習場での「上手く打てる」の正体

どんなフォームであってもプレーヤー自身が「上手く打てた」という感触を得られる打ち方があるというのは事実です。それが偶然だろうが、100球に1球の確率であろうが、間違いなく、打った本人が納得できるボールの飛び方から、上手い打ち方ができたと感じられることがあります。

ただし、この「上手く打てた」の正体を説明するのはなかなか難しいものがあります。

もし、無理やり説明するのであれば「方向と高さ、勢いに関して納得できるショットを放ったスイングができた」ということになるのでしょう。

しかし、これでは「上手く打てた」の本質とは程遠いのです。なぜなら、そこに、上手く打てたスイングを繰り返し行える（または行えなかった）明確な理由がないからです。

いうなれば「よいスイングとはナイスショットが打てたスイングである」という、無責任な結論と同じで、誰もが「ナイスショットが打てるスイングがわかっていたら苦労しない」と思うはずです。

では「上手く打てた」の正体とはなにでしょうか？

コースではナイスショットが少ないけれど、練習場なら何回もナイスショットが打てるというケースですが、練習場でのナイスショットとは、具体的にはどんなボールなのかを、ショットの満足度ごとに分けてみましょう。

ご自身が練習場に行ったときのことを思い浮かべながら、それぞれのショットの内容を読んでください。

A

満足度
★★★

[かなり上手く打てた]

まっすぐ飛ぶ、打った感触がよい、高さが出る、飛距離が出る

B

満足度
★★

[普通に上手く打てた]

大きなスライスやフックではない、そこそこ飛んでいる

C

満足度
★

[ミスショットではない]

ダフリ・トップではない、満足できる飛距離ではない、打った感触もいまいち

D

満足度
×

[ミスショット]

大きなスライス・フック・ダフリ・シャンク・飛距離不足、打った感触が悪い

さて、最高のショットからミスショットまでを、おおまかに区分けしてみました。では次に、「なぜ満足度の違うショットが出るのか？」の理由を考えてみてください。

もし、練習場の1球目から最後まで満足度★★★しか出ないというのであれば、きっとあなたはかなりの上級者です。コースに出ても「練習場なら打てたのに」という不満を感じることは少ないでしょう。

しかし、多くの方は練習のショットを自己分析すると、すべての満足度をまんべんなく感じながら練習しているのではないでしょうか。★★★のショットもあれば★もある。練習開始から少し時間がたてば★★は増えてくる……という感じかと。

練習場で打ち始めてから終わるまでのショットをレベル別に図に表すとこんな感じではないでしょうか。

そして、この図の中に本書のテーマである「コースでナイスショットが出ない理由」が隠されているのです。

ひとつずつ詳しくお話ししますが、その理由は「ボールの見方」「アドレスの重心配分と体の向き」「グリップの再現性」「右腕の使い方」にあります。

練習場では「上手く打てた」がコースでは再現できない理由

コースと練習場でのもっとも大きな差は「1球の大切さ」です。

近年多くのゴルフ練習場が取り入れている、一定の金額を払えば時間内なら何球でも打ってよいという打ち放題システムでは、「1球に対する大切さの感覚」が生まれるはずもありません。

この練習では、**ミスショットが出ても、なんとなくポンポンとボールを打っているうちに体の回転は十分になって、のびのびとスイングできるようになり、徐々にナイスショットの確率は高まっていきます。**

しかし、「このような手順を踏んで打てるようになったナイスショット」がコースで再現できるはずはないのです。

この事実に気がつかないと、**「コースで上手く打つには、練習場のようにのびのび振ればよいという勘違い」**をしてしまいます。

つまり、のびのび振るためには、ミスショットもナイスショットも織り交ぜて、十分な回数のボールを打ってからという条件が必要になってくるのですから。そんなことはコースでは絶対にできるはずがありません。

「のびのび振る」を技術面から考えてみると

そこで、「のびのび振る」という状態を、メンタル面ではなく、技術面から見てみましょう。

ポイントは「スイング中に頭や顔の面が動くかどうか」です。

図❶・❷は同じゴルファーの2枚のトップオブスイングの写真ですが、右側の写真のトップオブスイングのほうが体は十分回転できていることがわかります。

いっぽう、左側の**図❶**のトップオブスイングは体の回転が浅いのです。

体が十分に回ったトップオブスイングでは、ゴルファーの顔が右を向いているため、肩や腰が楽に回転できているのです。

しかし、回転が浅いトップオブスイングでは、ボールをよく見ようとボールを凝視してしまうので顔の面がまったく右方向に動かず、そのために肩も十分に回転していないのです。

顔の面が動かないため、トップオブスイングの肩の回転が浅くなってしまう。

顔の面が若干右を向くので、トップオブスイングで十分、体が回せる。

当然、体の回転が不十分なトップオブスイングからは会心のショットが打てる可能性は低くなります。偶然にスイートスポットでボールを捕らえられたとしても飛距離は出ないのはおわかりでしょう。

そして、前ページの右の図❷は練習場で何発も打って体がほぐれた後のスイング、左図❶はコースでのスイングということもいえるのです。

練習で何球もボールを打っていると、たとえ練習を始めた段階では体が十分に回転していないトップオブスイングであっても、繰り返しボールを打っているうちに、顔の面の向きが右に動き始めるのです。

これは体が十分にほぐれてくるのと同時に、力みのないスイングを体が勝手に探し始めるからです。そして、徐々に打球には鋭さが出て飛距離が出てくるのです。

「スイング中には頭を動かすな」の意味とは

そんなことをいっても「スイング中には頭を動かすな」というのは鉄則じゃないのか！と思った方もいることでしょう。

しかし、これは間違った解釈です。その証拠に、プロゴルファーの連続写真を見るとバックスイング中に顔の面は多少なりとも動いています。**つまり頭を固定するのと顔の面を固定することは同じではないのです。**

そもそもゴルフスイングは、ボールをよく見て、そのボールにクラブヘッドをぶつけるようにしてボールを打つ運動ではありません。

多くの方が勘違いしていますが、地面付近にある小さなゴルフボールを打つために、クラブヘッドを器用に当てるというイメージは、ゴルフスイングにはないのです。

その証拠に、どんなレッスン書にも「クラブヘッドをボールに当てる練習をしましょう」というような記述はなく、スイング中にボールを捕らえるというのが共通理解なのですから。

ここまでの説明をおさらいします。

コースでナイスショットを打つためには重要なのは顔の面を正しく動かすことです。

もちろん、ボールを打つだけなら、顔の面を動かさなくとも打てるようになりますが、それは腕を動かすことが中心のスイングで、俗にいう「手打ちスイング」です。

この打ち方はスイングスピードが上がらず、クラブフェースもローテーションしてしまうのでボールが打てたとしても「飛ばないうえによく曲がるショット」になってしまいます。

ですからナイスショットを打つための準備として必ず覚えていなければならないのは「スイング中の顔の動き」ということです。

コースでは、丁寧に打とうとするから、上手くいかないという事実

練習場では上手く打てる理由は、「なんの目的もなく、何発も打っているうちに、ナイスショットが出る『顔の面の動き』に体が調整されるから」でした。

さらに、「ミスショットも含め、かなりの準備時間（何ショット打つ予行練習）が必要である」という事実が明らかになりました。

これを言い換えれば**「事前に調整しないでも、いきなりナイスショットの動きができればよい」**ということになります。

では、いきなりナイスショットを打つ方法を解説していきましょう。

ここまで、練習場で打てるナイスショットが、十分な予行練習と、のびのびと振れるリラックスした体の動き」によるものだと説明してきました。それは、顔の面の動きが非常

に大きく関係していることも説明した通りです。

では、まずは実際にコースに出ると、「ナイスショットが出ない」「ミスショットが増える」という現象について考えていきます。

コースで確実にボールをヒットするために「丁寧にスイングしよう」と考えるのは、当たり前です。

ましてや「この一打がグリーンに乗れば100を切れるかもしれない」「このティーショットでフェアウェイにボールがあれば自己最高スコアを狙える」というような状況ならなおさら一打を丁寧に打とうとすることでしょう。

しかし、この**「一打を大切に打つ」という気持ちが、コースでは逆効果**なのです。

なぜなら、大切に打とうとすればするほど、視線はボールに向き、体の動きは小さくなります。

ちょっとここで脇道にそれます。「マン振り」。よく聞きますよね。主にドライバーショットで使う言葉で、スイングの形や正確性、美しさなどは一切無視して、力にまかせて目いっぱいクラブを振ることですが、これには「結果は二の次、まずは思い切りクラブを振る」という意味が少なからずあります。

「丁寧に打つことがミスショットの原因なら、マン振りすればいいのか？」という声が聞こえそうなので、あえてお話ししておきますが「結果は二の次」では本末転倒もいいところです。

そうではなく、**丁寧にスイングすることで、動かさなくてはいけない部分が止まってしまうのは、ミスショットを生む原因だということを理解してほしいのです。**

そして動くべき場所は、先ほどから出てきている「顔の面」です。

コースだと、上手く打てない理由① ボールを見すぎている

丁寧にスイングしようとすると、どうしてもスイング自体が小さくなることに加え、ボールを凝視するようになります。

これに対して、ラウンド歴が長く、コース慣れしているプレーヤーは、自分で気がつかないうちに、打つときに顔が動くように変化してきたのです。

この自然な顔の動きとともにコースでのナイスショットも増えていったはずなのですが、それは長い時間をかけて、勝手に体に染みついた動きのため、本人は自分の顔の面がスイ

ング中に動いていることをまったく自覚していないのです。

そのため、ミスショットを連発する人を見ると、「頭を動かすな」「ボールをよく見て」とアドバイスしてしまうのです。

そして、そのアドバイスを受けた人は、**コースでの緊張感ある一打のときに、丁寧に打とうとして、顔の面を固定しようとし、その結果ミスショットをしてしまいます。**

もちろん、そのミスショットのときは、練習場でナイスショットを連発していたスイングとはかけ離れたものであることはいうまでもありません。

この**練習場はリラックス、コースでは丁寧にという思考の逆転現象が、「練習場で調子がいいと、かえってコースではだめになる」といわれる大きな原因です。**

無意識にボールを「凝視」している人が多すぎる

ゴルフのように止まったボールではなく、動いているボールを打つ場合、ボールがその後どこに移動してくるのかを予想し、ボールが存在しない空間めがけてスイングを開始します。

野球であればピッチャーが投げたボールを打つときに「きっとここにボールが来るだろう」という予測の元にバットを振り始めるということです。

そのため、ボールがバットに当たる場所だけを見ながらスイングするのは難しく、「ボールをよく見て」というアドバイスはあっても、顔の面を動かさないという発想は生まれません

しかし**ゴルフのように静止しているボールの場合、「ボールをよく見ろ」といわれると、凝視という視線を一点に固定する見方でボールを見てしまうので、顔の面を動かすのが難しくなってしまう**のです。

野球のバッティングでは、ボールが飛んで来る軌道を予測し、そこを狙ってバットを振り始めるため、ゴルフとは根本的にボールの見方が違う。

顔の面が動かせなくなるとバックスイングの肩の回転は浅くなってしまい、図❶（25ページ）のように顔の面が動かないトップオブスイングができあがり、さらにこの顔の向きを守りつつ体を無理に回そうとすると、図❸のようなフィニッシュフォームになります。

こうなるとスイング軌道は完全に練習場でのスイングとは違ってきます。

このスイングではフォロースルー方向にも回転しないために、仮にボールが上手く打てたとしても飛距離が出ない上に、打球は左右に曲がりやすくなってしまいます。

このようなスイングフォームは練習場で何球も打った後の「1球目の大切さ」がなくなったスイングフォームとは、大きく違っているのです。

打ち終わっても地面を見続けようとするため、フォロースルーで体の回転が浅くなってしまう。

顔の向きは、池ポチャやOBとも関係している

続いては、顔の向きが「目の前の池にボールが飛び込んでしまう」「左右のOBにボールが吸い込まれてしまう」大きな原因のひとつであることを説明します。

ケーススタディ①「目の前が池」

目の前が池の場合、当然ながら池に入れないように正確にミートしたいと考えます。つまり丁寧に打たないといけないと考えて、トップオブスイングでボールをしっかり見て、さらには頭がぶれてボールコンタクトが見えにくくならないようにスイングをします。

このようなダウンスイングでは、フォロースルーへの体の回転は途中で止まってしまいます。しかし、ゴルファーはボールを高く上げて池を越えさせたいと考えるため、クラブを高く振り上げようとします。

頭を固定して腕を高く振り上げるということになると図❹のようなスイングになり、

左肘が大きく曲がります。これによりクラブヘッドはボールの上方を叩き、ボールにはトップスピンがかかり池に入ってしまうのです。

左肘が大きく曲がり、クラブが地面を触らずにトップショットが発生してしまう。

ケーススタディ②「右のOB」

右がOBの場合、バックスイングで体を深く回転させるとボールは右に飛び出してしまいそうな感じがするため、トップオブスイングの体の回転は浅くなります。

さらに、頭が動かず、体の回転が浅いトップオブスイングからのダウンスイングはアウトサイドイン軌道になってしまうため、ボールには右スピンがかかりショットは右に大きく曲がることになります。

またバックスイングが浅い状態から無理にボールを飛ばそうとすると、図❺のように右腕を伸ばしてボールを強く叩きにいく、ハンドファーストが強いインパクト姿勢になるため、ボールは右方向にまっすぐ飛んでいってしまいます。

いずれのミスも、ボールをよく見なければならないという考えによって作られる、トップオブスイングが生むミスショットです。

インパクトで右腕を伸ばしてしまうため、体が右を向き、ボールも右へ飛んでしまう。

ケーススタディ③「左のOB」

OBが左にある場合は、左方向にボールを飛ばしたくないという考えから、フォロースルー方向への体の回転が浅くなりがちです。

さらに、ボールをよく見るという動作が加わると、インパクト時にクラブヘッドが先行しやすくなり、図❻のようなインパクト姿勢となりフックボールが発生します。

また体の回転がダウンスイングからフォロースルーにかけて止まってしまうため、腕のみの動きでクラブを振ることになり、クラブヘッドが強烈なアウトサイドイン軌道でボールをヒットして、ボールは左に飛び出すということになります。

どちらの左方向のミスも、フォロースルーの体の回転が浅くなるために発生するミスショットです。

コースラウンドに慣れていないゴルファーの場合、コースに出るだけで緊張感が高まり、何か安心するための注意点が欲しくなるものです。その結果、「ボールをよく見て、頭は動かさないで振る」というアドバイスを素直に受け入れてしまうのは当然でしょう。

ボールがあった場所を見続けてしまうため、体が止まり、クラブヘッドが先行しながらフェースが返ってしまう。

コースだと、上手く打てない理由② アドレス時の重心と体の向き

ここまで、練習場とコースでスイングが変わる大きな原因として「顔の面の動き」を解説してきました。次にスイングが変わってしまうことで注意したいのが「アドレス」です。アドレス姿勢は、ナイスショットを打つためには非常に重要な項目であることはご存知でしょう。

しかし、練習で習得したアドレスをコースで実践することは、非常に困難な作業といえます。それは普段の姿勢がアドレス姿勢に影響を与えてしまうからです。

通常の練習では、正しいスイングを目指して正しいアドレスを習得しようとします。つまり、構えやすいアドレスではなく正しいアドレス、つまり普段とは違う、立ちにくい姿勢を覚えて、その姿勢からスイングを行ってナイスショットを打っているのです。

しかし、**いざコースに出て、練習で覚えた正しい姿勢を再現しようとすると、普段の姿勢感覚が邪魔をする**のです（図❼・❽）。

❼

重心が右にありすぎるアドレスからのスイングは、さまざまなミスショットを発生させる。

❽

重心配分が左右5対5のアドレスを作るためには、普段の姿勢感覚を変える必要がある。

例えば、**普段の立ち姿勢で重心が右側にある人の場合、通常の練習で正しい姿勢をとるとやや左重心で立っている感じになります。**

このケースの人はコースに出たとき、練習場で打っているときよりも左重心の度合いを強める必要があります。

これはゴルファー自身が安心を求めて右重心でいたいという願望が強くなる中で、左重心気味の練習場で習得したアドレスを作らなければならないからです。

右に重心がありすぎるアドレスから行うスイングではミスショットも増え、あげくに練習場では出たことのないミスショットまで生み出してしまうのです。

この現象が、練習場で行うスイングをコースで再現できない理由です。

あなたは右向き派、それとも左向き派

アドレスに含まれる、体の向き（アライメント）に関しても注意すべき点があります。

アドレスしたときの体の向きには、人によって「右向き派」と「左向き派」があるのです。そのため、スクエアに構えるには、体の向きを意識した練習が必要になります。

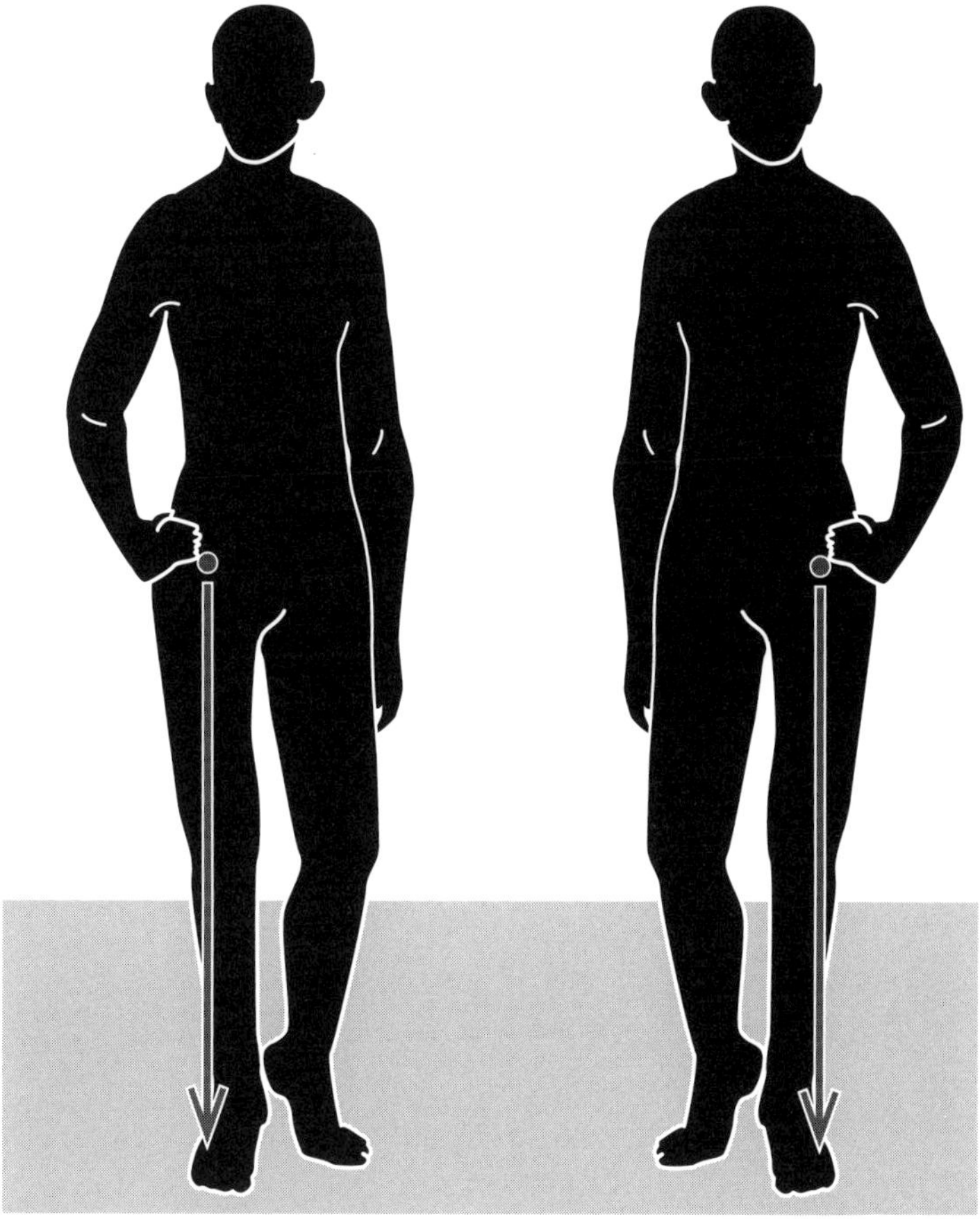

普段の立ち姿勢には右重心と左重心の2パターンがあり、ついつい普段の安定した姿勢でいたいと思う願望がアドレスに影響してしまう。楽な姿勢が正しいアドレスとは限らない。

右向き派

右向き派ゴルファー（図❾）でも、練習場ではマットや打席マットがあるために、それを目安にして正しい体の向きでスイングできてしまうのです。

そのためクラブを左方向に振る度合いが小さくなり、「インパクトの左肘が曲がり」（37ページの図❹）や「右肩が前に出る」（図❿）の度合いも小さくなって、なんとかボールが打てるというわけです。

しかし、コースでは体が極端に右方向を向いていても気が付きにくいため、ターゲット方向にクラブを振ると、左肘が引ける度合いや右肩が前に出る度合いが大きくなり、クラブヘッドは地面を触ることができずにトップショットになる確率が高まるのです。

さらに、これにともなう強烈なアウトサイドイン軌道は、シャンクショットやクラブの先端にボールが当たるトゥショットなどさまざまなミスショットも誘発します。

体は右を向いていても頭ではピンの方向がわかるため、クラブを無理に左に振り抜こうとしてミスショットが発生する。

ダウンスイングで右肩を前に出す度合いがちょうどよかったときだけまっすぐ飛ぶ打ち方。

左向き派

左向き派のゴルファー（図⓫）も練習場ではマットや打席があるために極端には左を向きません。ただし、もともとインパクトで右腕を伸ばしてボールを叩こうとする傾向にあるため、コースに出て左を向く度合いが強まれば、ここぞとばかりにインパクト時に右肘を思いっきり伸ばしてボールをヒットしようとします。

また、左を向くことで右腕を伸ばさなければクラブヘッドをボールに届かすことができないと感じて、右肘の伸びはより強くなり、インパクトでジャンプしてしまうようなことさえ起こります（図⓬）。

こうなるとインサイドアウト軌道は強くなりダフリやトップなど、練習場ではあまり出なかったさまざまなミスショットが発生します。

アドレスが左を向いているゴルファーは、右腕を伸ばしてボールをヒットしたい傾向が強い。

インパクトで右腕を伸ばし、ジャンプしながらのインパクトで、まっすぐにボールを飛ばすのは非常に難しい。

体とボールの距離

体とボールの距離も、一定にすることが重要です。コースではボールをよく見たいという願望から目の位置が近くなってしまうことがよくあり、それによってつま先ラインとボールの距離は遠くなってしまうのです（図⓭・⓮）。

そもそも、ゴルフスイングは回転運動であり、両足の上で上半身を回転させるため、ボールと体の距離は両つま先を結んだ線とボールの距離で管理します。

回転運動中に姿勢を極端に変えることは難しいので、ボールとの距離が正しければ一定レベルのショットは期待できます。しかし、ボールがこの距離より遠くなるとトップショットやトゥショットが、近くなるとダフリショットやシャンクショットが多発します。

練習場なら、多くのボールを打つ間に徐々にボールが正しい距離にセットされるようになりますが、**コースでの大切な一球は、ボールをつま先ラインから離してセットしがちです。つま先とボールの正しい距離を一球で再現することは非常に難しいのです。**

ボールをよく見ようとして前傾が深くなると、両つま先を結んだラインとボールの距離は遠くなってしまう。

正しい上体の前傾角度と正しい腕の位置を作ることができれば、ボールとの距離は一定になる。

コースだと、上手く打てない理由③　グリップの再現性

コースで上手くプレーしたいと願うゴルファーは、コースで自分の体がやりにくいと感じることを自然と避ける傾向があります。

その例が先ほど挙げたアドレスであり、これからお話しするグリップです。

例えばナイスショットを打つために必要なグリップを何となく理解できていても、**いざ本番になると、理想的なグリップに違和感を覚え、自分が楽に動ける形でグリップしてしまう**のです。

そのため、グリップが練習場とは変わってしまうということもよくあるのです。

これは本当にもったいないことです。

普段の練習では、やりにくい形であっても、それに慣れてその先にあるレベルの高いショットを得ようと努力しているにもかかわらず、いざ実際のコースに出ると、目標としてきたその場所でのプレーで、それを拒絶してしまうのですから。

また、こんなこともありませんか？

自分が握りやすいグリップの形では、納得のいくボールが打てないと気がつく。

そこで、多少違和感があってもナイスショットが打てるグリップの形に矯正していこうと、繰り返し練習するのです。

もちろん、慣れるまでナイスショットが打てないストレスも我慢しながらです。

こうまでして、**新しいグリップの形を習得しようとしているにもかかわらず、完全に身に付く前にコースに出ると、不安や少しの違和感から、自分が握りやすい元の形のグリップでボールをヒットしたくなり、葛藤のすえにどちらともいえないグリップをしてしまう**のです。

これは少しでも安心感が大きいほうを選択してしまったがゆえの結果です。

練習場の動作をそのままコースに持っていくために

これは、グリップを覚えるための練習方法に問題があります。違和感のあるグリップの形を習得しようとして、クラブを握ったままボールを連続で打ってもあまり効果は得られません。

なぜなら、コースに出れば、1回のショットごとにクラブから手を放すため、グリップの形を保ったまま次のショットを打つことがないからです。

ですから、**新しいグリップを覚えようとするならば、1回のショットごとにグリップをほどいて、また握りなおすという練習が必要**になってくるのです。

ここまで説明した、「練習場で覚えたアドレス姿勢やグリップが、コースでは変わってしまう」ということを理解していれば、練習の段階から体の向きを意識することの重要性がわかるでしょう。

ただ漠然と打席に入り、ボールを打つだけでは、ナイスショットを打てるスイングは身に付きません。

ボールを打ちに練習場に行っているのに、アドレスとグリップの確認をしながらの練習は、非常に地味でつまらないかもしれません。

しかし、**「ボールの後方に立つ」「ボールの横に歩み寄ってアドレス姿勢を作る」「正しいグリップかどうかの確認する」「スイングしてボールをヒットする」ということの流れがすべて正しくできてこそ、練習場の動作をそのままコースに持っていくことができます。**

コースだと、上手く打てない理由④　右腕の使い方

ここまで、練習場とコースのスイングを変えてしまう原因を3つ説明してきましたが、最後に右腕の力について話しておきましょう。

練習場では数多くのボールをリラックスして打てるために、打てば打つほど右腕の力は抜けてくるものです。

それは、繰り返しボールを打っていると、右腕を必要以上に使うことは不合理であると無意識に感じ取ってくるからです。これは、誰もが意識せずとも変化するもので、練習の始めから終わりまで、右腕に力入れてクラブを振り回するのは、ごく初心者、それもクラブを握って数日というレベルの人だけでしょう。

「右腕の力はナイスショットに必要ない」

もしかしたら、自己流の練習でも気が付くことは多いかもしれません。

しかし、やっかいなことに、右腕を使ってボールを打っているゴルファーの多くは、自分が知らないうちに右腕を使ってボールを打つスイングの練習をしているということを自

覚していません。

その典型といえるのが、バックスイングの振り上げを小さくする練習です。

これだと、練習場では上手く打てるかもしれませんが、飛距離が出ないスイングになります。これは、「アプローチショットで飛距離を落とすためには、クラブの振り上げを小さくする」ということと同じ理屈です。

しかし、**人間の心理は皮肉なもので、オーバースイングを避け、ダウンスイングで右腕を無理に使わないスイングを身につけるために、懸命に振り上げを小さくする練習をしても、コースに出ると「この一球をしっかり強く打ちたい、少しでも飛ばしたい」という願望が生まれ、右腕の渾身の力でボールを打ってしまう**のです。

このような飛距離が出ないスイングで自分を納得させているゴルファーは、それなりにいいスコアが出ることもあります。しかし飛距離に未練があると、コースでは渾身の力でクラブを振るために、クラブの振り上げが練習場より大きくなり、練習場では出ないようなミスショットを打ってしまうのもまた事実なのです。

プロゴルファーもアイアンショットの距離調節のために、ときにはコンパクトなトップオブスイングからボールを打つことがあります。

しかし、アマチュアゴルファーにはこのような振り上げの使い分けは難しいうえに、豊富な練習量が必要となるため、すべて同じ振り上げの高さを持つスイングでボールをヒットすることを目標にすべきです。

いかがだったでしょうか。ナイスショットがコースでは出にくい理由を理解していただけたでしょうか。

コースで上手く打てない原因が普段の練習の仕方にあることが理解できれば、むやみにボールを数打つ練習よりも、「顔の面と向き」「正しいアドレス姿勢」「正しいグリップの形」「右腕の力の使い方」を意識した練習のほうがはるかに効果的だとわかるはずです。

では、ここから先はコースでナイスショットが打てるスイングが習得できる練習方法を説明していきます。

右腕を使ってボールを打っているゴルファーの多くは、自分が知らないうちに右腕を使ってボールを打つスイングの練習をしているということを自覚していないことが非常に多い。

第2章

アドレスの変化への対策

正しいアドレスを作るためのポイント

ここまで練習場で上手く打てるゴルファーが、コースでは上手く打てないゴルファーになってしまう理由について解説してきました。

その理由が「アドレスの重心と体の向き」「グリップの再現性」「顔の向きの固定（ボールの見方）」「右腕の力み」の4つの理由によるものであることがおわかりいただけたと思います。

この4点は、何発も打てる練習場では動きに慣れてくるため、しばらくするとボールが打てるようになってくるのですが、コースでの「この一球」では上手く打てません。つまりこの4点がクリアできないスイングを覚えてしまうとコースでは上手く打てないゴルファーになってしまうということなのです。

そこで、この4点に対する対策をふまえたうえで「コースで上手く打てるスイングを練習場で作っていく方法」について説明していきましょう。まずこの章では、「アドレスの重心と体の向き」「グリップの再現性」を「アドレスの変化への対策」として解説します。

アドレスは、「構えた姿勢」「グリップの形」「ボールを置く場所」「体の向き」の4つを含みますが、どれも正しいスイングを身に付けるうえで非常に重要です。そのため、ゴルフスイングの指導では、正しいアドレスの作り方を徹底的に覚えてもらうことが必須です。

しかし、コースでしっかりとアドレスが作れるゴルファーは意外と少ないのです。それは普段のアドレス作り練習のときから正しさの基準が不明瞭なことに加え、自分で注意しているポイントや指導されるポイントがすべて、その瞬間の見た目による美しさを基準として決めていることにあります。

そのため、ゴルフコースで緊張して力が入ったり、無理にリラックスしようとしてアドレスが変わってしまった場合も、普段のチェックポイントが明確でないことから修正できなくなってしまうのです。

そこで、本書ではすべてのゴルファーがコースで上手く構えられるようにするために、正しいアドレスとその作り方をわかりやすく解説します。また、コースで正しいアドレスかどうかチェックできるように、ポイントごとにゴルファー目線のフレーズで紹介します。

アドレスの狂いには、大きさの差はあるものの、プロゴルファーでさえラウンド中に変わってしまうものです。正しくないアドレスでスイングを続けるということは、当然スイングにも悪影響を及ぼすため、いいショットは打てなくなっていくのです。

つまり、正しいアドレスは正しいスイングを行うための準備ということです。ですから、アドレスを作るときの各ポイントは、クラブの振り方が明確になっている必要があります。そこで、本書では「腕は縦に動かす」「体は横に回転させる」というスイング理論をベースにアドレスのチェックポイントを明確にしていきます。

アドレスに狂いが生じる理由はいくつかありますが、中でも「コースでは力が入りそうな姿勢や振りやすいと思える姿勢になってしまう」ことは原因でのひとつです。

また個人の日常の姿勢から間違ったアドレスになっていくというケースもあります。コースではリラックスが大事と考えられているため、リラックスした状態が普段の姿勢となってしまい、せっかく習得した姿勢が崩れてしまうことも覚えておきましょう。

そうなると個人の体型の違いへの考慮も必要となるので、本書ではできるだけ体型の違いも考慮して個人差の範囲も説明しています。

ただし、コースでアドレスが大きく変わってしまうゴルファーほど、コースで上手く打てない確率が高いため、この章で紹介する一般的なチェックフレーズをしっかりと覚えてください。

プロゴルファー達のアドレス姿勢が、常に安定して同じ形に見えるのは、多少の個人差はあるもののいくつかの共通ポイントが守られているからです。

とはいっても、ゴルフコースではすべての項目についてのチェックは行うべきではありません。コースで打つ前にあまり多くのことをチェックしようとすると、何をしていいかわからなくなって、最後にはスイングの仕方もわからなくなってしまう恐れがあるからです。

そうならないためにも、本書で説明するチェックフレーズの中から、自分がコースで狂う可能性が高いと思えるものをピックアップしていくやり方が効果的です。

では、さっそく正しいアドレスを作る方法を説明していきましょう。

構えたときの姿勢（ポスチャー）つま先の向き

ゴルフスイングはバックスイングの体の回転よりフォロースルーの体の回転のほうが大きいためアドレス時の左右のつま先の向きを左右対称にするメリットは少ないのです。右足はバックスイングの体の回転を止めてフォロースルー方向の回転に反動が生まれるようにします。その後、バックスイングの反動を利用した体はダウンスイングからフォロースルーにかけて左足と左腰による回転力で上半身を左方向に回転させます。最後のフィニッシュ姿勢では体幹部がダウンスイングと逆の方向に捩じれている状態になります（図❶）。

このような回転を行うための準備姿勢を作るためにアドレス時の左右のつま先は、**「左11時、右12時半」**が基準です。さらに、このつま先の向きをベースに膝の向きを決めます。足首に対しての膝の向きには個人差があるが右膝は正面もしくはやや左。左膝は正面もしくはやや左に向けるのが正解です（**図❷**）。この膝の向きはバックスイングとフィニッシュの回転の深さと個人の体の硬さを基準に考えますが、あくまでもゴルフスイングはバックスイングの回転のほうがフォロースルーの回転より浅いということを忘れないでください。

フィニッシュ姿勢で体幹をダウンスイングと逆方向にねじることが、飛距離アップにつながる。

左つま先は11時の向き。左膝は正面からやや左に向ける。右つま先は12時半の向き。右膝も正面かやや左向き。

膝の曲げ角度

膝の曲げ過ぎはお尻を落とし上体の前傾をなくしてしまうため、膝はあまり大さく曲げない（図❸）。いっぽうで、膝の曲げなさ過ぎは上体を前のめりにしてしまうので、これもいいショットにはつながりません（図❹）。

膝の曲げ角度を説明するときに「軽く曲げる」とか「ジャンプして着地したときの角度」という表現がなされますが、これでは明確な基準がなくあいまいすぎて、チェック項目としては不十分なのです。膝の角度をあいまいな基準で決めていると、コースでわからなくなってしまったときに再現できなくなってしまいます。

そこで、アドレス時の両膝の曲げ角度は「**母指球垂線**」（図❺）とします。この角度はかなり平均的なものなのでぜひ慣れてください。

チェック方法は、スタンスを決めてクラブを逆さに持ち、グリップエンドを地面に押し当てシャフトで垂線を作ります。そこにシャフトが倒れないように膝を軽く押し当てます（図❻）。この方法ならばコースで順番を待っている間にいつでもチェックできます。

膝の曲げ過ぎでお尻が下がる。

膝が曲がらずに体が前のめりになる。

母指球から引いた垂線に膝頭が触れる。

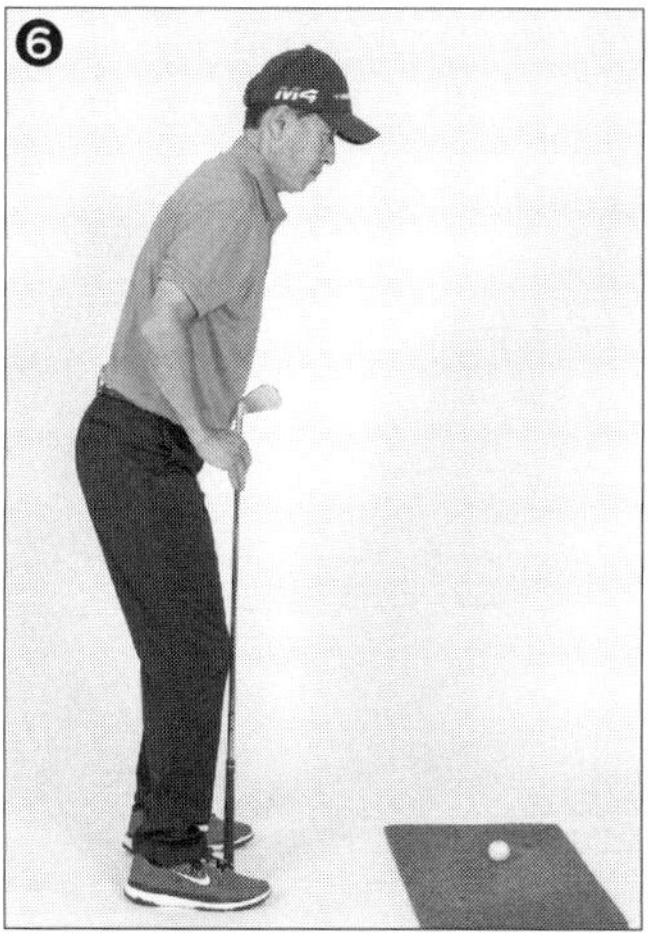

クラブを垂直に立てて膝の曲げ角度を調節してから構える。

上体の前傾角度

上体の前傾角度にも明確な基準を聞くことは少ないはずです。「軽く前傾する」や「お辞儀をするときの角度」「背筋を伸ばして腰から前傾」などの表現はあるものの、これではあいまい過ぎて具体的な角度やチェックポイントにはなり得ないのです。中には具体的な数字を使って「20度前傾」や「30度前傾」というような情報はありますが、人間は機械ではないので正確にその角度を毎回同じように作ることは困難です。そのため、上体の前傾角度に関しては指導者や友人の見た目に頼った学習になっている場合が多いのです。

そこで、**「右中指先端が膝頭の上」**という基準を設けます。確認の仕方としては、前述の正しい膝の角度を作り、右手をグリップから離して右太腿に置く（図❼）。この姿勢で中指の先が膝頭に触るか触らないかぐらいの前傾角度を作ります。実際にショットを打つ際に、アドレスを作った後に右手を離して右太腿を触り、確認したうえで再びグリップすれば、それほど時間をかけずに確認できます。腕の長さや膝から足首までの長さには個人差があるので、調整する場合は、右太腿を触る場所の上下を変えておけばよいのです。

構えてから右手で、右太腿を触る。このときに、右手中指の先端は膝頭にわずか届く。

頭の角度

構えたときの頭の角度については、「背筋を伸ばして背中から後頭部までが一直線になるように」といわれていますが、その作り方や感覚はあまり説明されていません。お尻が落ちて首から先の角度が上体の前傾角度と大きく異なるアドレスの場合（図❽）、上半身をどちらの軸で回転させるべきなのかがわからなくなってしまうので、できるだけ避けたいところです。そこで頭の角度は**「背筋上部に緊張感」**とします。

作り方は、前ページの方法で上半身の前傾を作った後、背中上部を動かさずに天井を見ます（図❾）。そして、背中上部の筋肉を緊張させると背中上部が平らになるので、その姿勢のまま顎の下の筋肉で顎を引きます（図❿）。するとボールを上から見下ろすような頭の角度ができあがります。

この角度はサングラスなどをしたときにレンズの下からボールが見えるような感じと考えるとよくわかるはずです。逆にレンズの中心でボールを凝視しようとすると頭の角度は正しくなりません。

背中部分と後頭部の前傾角度が異なっている。

構えたら頭を上げ、背中上部の筋肉に緊張感を持たせる。

ボールを上から覗き込まないアドレス。これで上半身の回転軸が完成する。

前後の重心の位置

アドレスでは、上体が前傾しているので、重心は直立姿勢よりつま先寄りになります。ただし膝を曲げているため、膝を伸ばしたままの上体の前傾よりは重心は踵寄りになるのです。

そこでアドレス時の前後の重心配分は**「土踏まずややつま先寄り」**とします。この重心位置をチェックするには、アドレス姿勢を取り、クラブヘッドを動かさないで、つま先と踵を2度ほど上げる動作を行ってください（図⓫）。この動作でつま先が踵より若干上げにくいという重心配分ならOKです。この重心位置はこの後バックスイングで、左足はさらにつま先寄りに、右足は踵寄りにそれぞれ移動し（図⓬）、その後フォロースルーに向けての回転で左足は踵寄りに、右足はつま先寄りに移動します（図⓭）。この重心移動は体の回転によって発生するので、正しい重心移動が足の中で起こらないとスムーズな回転運動はできません。さまざまなミスショットは、フォロースルーで上体がボールに近づこうとして前に出るため、左右の足ともつま先重心でボールを打つことで起きます（図⓮）。

つま先を持ち上げることで、つま先に寄り過ぎる重心を矯正する。

トップオブスイングでは左足はつま先重心、右足は踵重心となる。

フィニッシュでは左足は踵重心、右足はつま先立ちとなる。

フィニッシュで左足がつま先重心のままではスムーズな回転ができない。

顔の傾き

アドレス時の顔の向きについての記述はあまり見られませんが、実はとても重要で、鼻筋はほぼ垂直、もしくは右に傾いていることが大切です（右打ちの場合）。鼻筋が左に傾いたアドレス（図⑮）からのバックスイングでは、体は上手く回転させられないため、アウトサイドイン軌道のダウンスイングしか行えないトップオブスイング（図⑯）になります。

そこでアドレス時の顔の向きを、**「垂直もしくは頭を右にかしげる角度」**と定義します。こうしておけば、バックスイングの間に左目が動かしやすくなるのです。

左目が効き目のゴルファーはバックスイング中の左目でボールを見やすいので顔の傾いたトップオブスイング（図⑯）になりやすいのです。

そのため、構えたときに、頭を若干右にかしげるようにしたほうが無難です（図⑰）。右目が効き目のゴルファーも、顔が左に傾かないトップオブスイング（図⑱）が作れないなら、頭を右にかしげるアドレスがよいでしょう。

帽子のつばが左肩の方に傾くアドレスはNG。

顔の動きがなくなり、バックスイングで十分に肩が回せない。

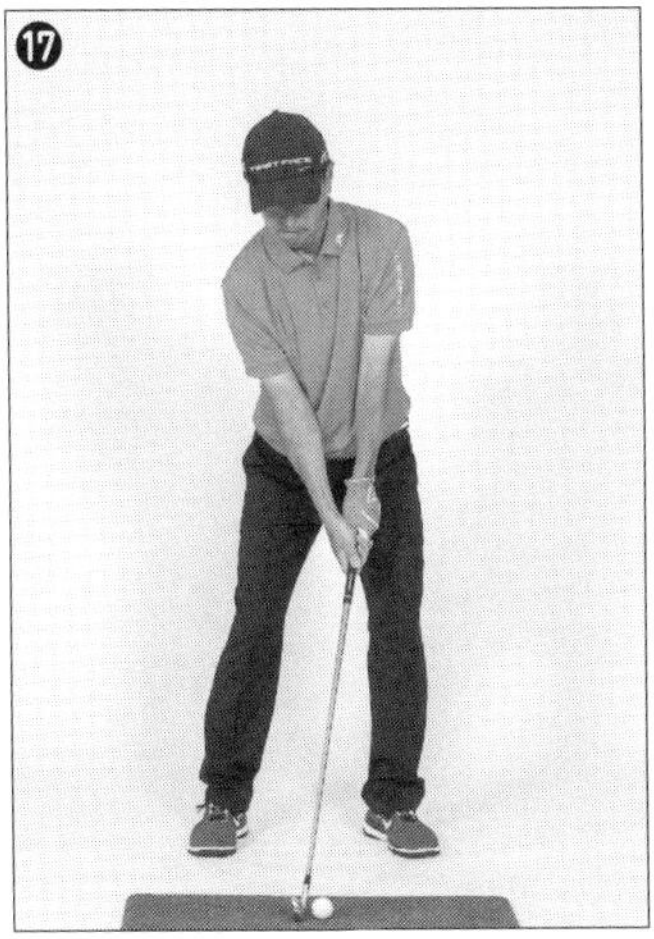

頭は若干なら右に傾いていても問題はない。

顔の動きがスムーズになり、バックスイングで十分に肩が回せる。

左腕の位置

腕の位置は「Y字型」と「逆K字」というアドレス姿勢のタイプによって違いが生まれます。スイング中に手首の返し（リストターン）を使うスイングが主流の時代は、Y字型アドレスが採用されていましたが（図⑲）、現在はインパクトエリアでリストを返さない打ち方が主流です。左腕には上からクラブを抑える力が求められ、グリップの位置は体に近い位置で左肩の真下（左足）に変わってきました。これによりアドレス姿勢を正面から見るとK字を反転させたような形となります（図⑳）。

そこで、アドレス時の左腕の位置を**「左胸に上から乗せる左腕ポジション」**とします。このアドレス姿勢では、左グリップの位置が左足の付け根の前になります。この位置を作るには図㉑のように左胸の上に右手を乗せ、その上に左腕を乗せて胸と左腕のつけ根で右手を挟んだ後、右手を引き抜いてグリップします。ドライバーは手元の距離はアイアンに比べて若干離れるので、左腕の付け根と胸の密着度合いは多少緩和されますが、正面から見た場合のグリップの位置は同じです（図㉒・㉓）。

グリップの位置が両足の真中にあるY字型アドレス。両腕でクラブを吊る感じがある。

グリップの位置が左足の付け根の前にある逆K字型アドレス。左腕には上から抑える力が働いている。

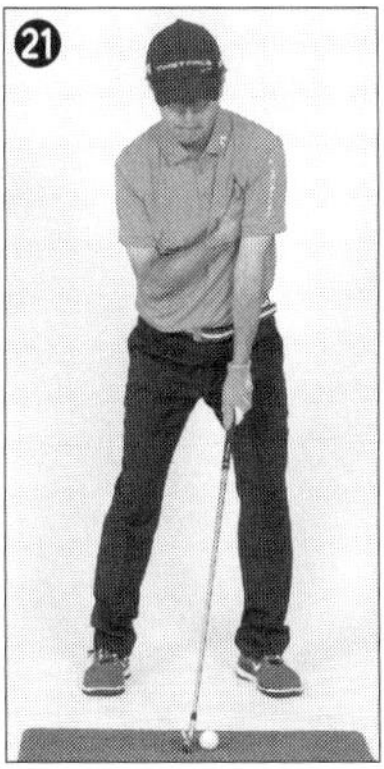

右手を左胸の上に置き、左腕の付け根で挟む。

アイアンでは左腕付け根は左胸に密着しているが､ドライバーでは若干スペースがある。

右腕の位置

左腕は左胸の上に乗せて構えましたが、右腕は右胸を囲むような位置にセットします。ミスショットを発生させる大きな原因のひとつにインパクト時の右腕の伸びがありますが、このNG動作では、ただクラブを目標方向に押し出すような形（図㉔）になればプッシュアウトが発生し、その間に右手のひらが左下を向くような形（図㉕）になるとボールは左に出て左に曲がります。右腕でボールを叩こうとしているスイングの準備となるアドレスは右肩までも前に出ている場合が多いのです（図㉖）。

そこで、アドレス時の右腕は**「右胸を囲む右腕ポジション」**とします。

図㉗では、軽く曲がった右腕が右胸を囲むようになります。作り方ですが、まず左腕のポジションを決めた後、いったん右肘を下に向け右腕を伸ばします（図㉘）。そこから右肘を体の方向に向けながら寄せ、右手をグリップの位置まで運び、肘の向きを変えずに右グリップを作ります。正しいバックスイングでは、体の回転がスタートした後に右手首と右肘がクラブを下から支えながら、トップオブスイングまでクラブを振り上げます。

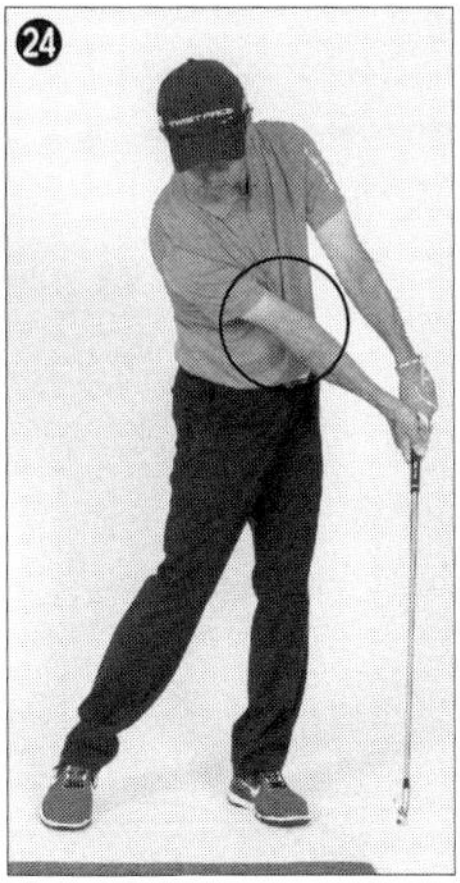

ボールを強く叩こうとして右腕を伸ばしてしまうNG。

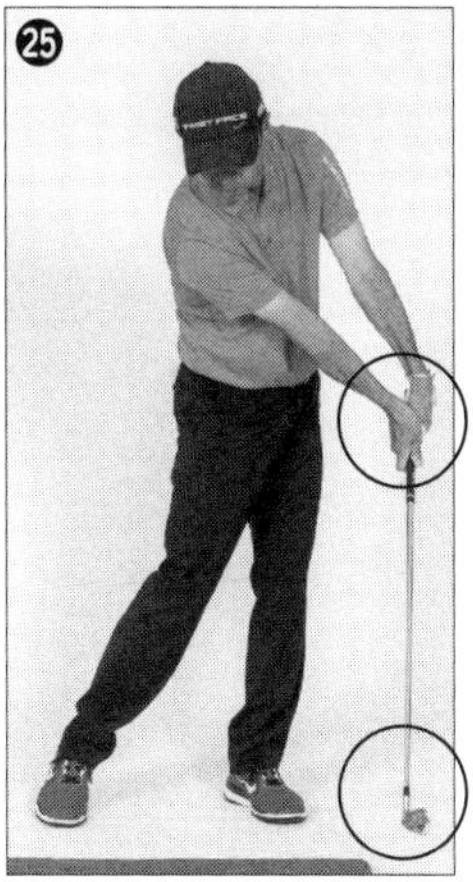

右腕を伸ばしながら手首でフェースを返してしまうNG。

右肩が前に出ているNGアドレス。

右肘が体の方を向き、右腕が若干たわむ正しいアドレス。

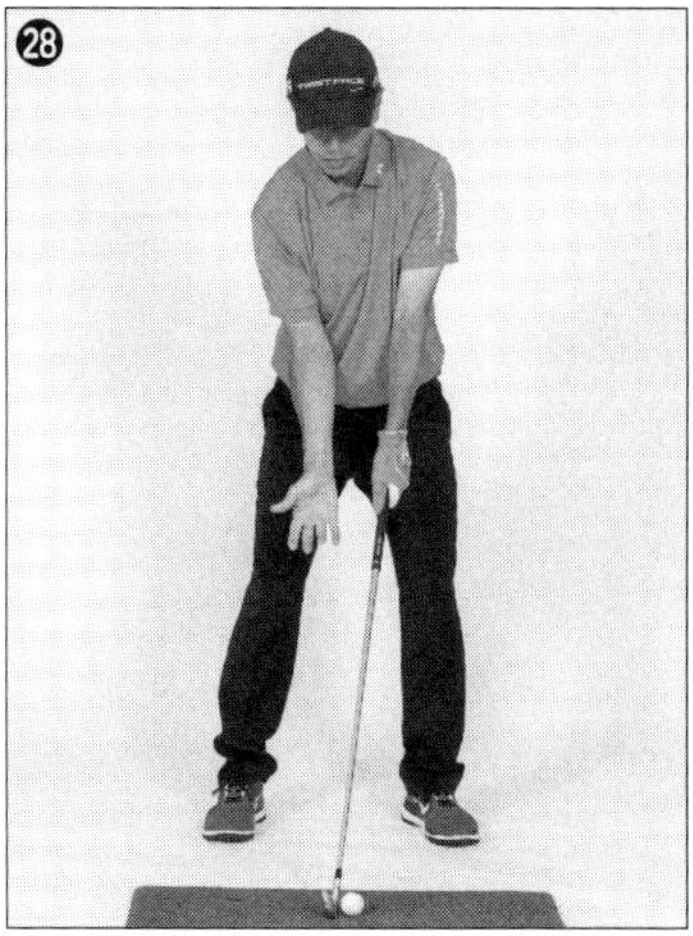

右腕の正しい形はクラブを握る前に作っておくとよい。

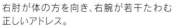

左右の重心配分

アドレス時の重心配分は5対5がもっともシンプルです。しかし、これをゴルファーが判断することはとても難しいといえます。

そこで、**「ジャンプして着地したときの重心配分」**とします。軽くジャンプして着地したときは誰でも5対5になっています**（図㉙・㉚・㉛）**。

この姿勢が左重心と感じる人は普段右重心で立ったり歩いたりしていることが多く、逆の場合は左重心になっているといえます。

ゴルフのアドレスでは左重心ならまだいいのですが、右重心はあまりよい結果を生みません。その理由はバックスイングで体が右に流れてしまうからです。

アドレス時に左重心であれば、バックスイングで右重心になる動きが入ってもそれほどひどい結果にはなりませんが、右重心からの右移動ではダフリや引っかけを連発してしまうのです。そこで、通常の姿勢が右重心になっている方には、強めの左重心アドレスをおすすめします。

アドレスしたらその場でジャンプしてみる。

着地したときの重心配分はほぼ5対5になる。

着地した姿勢をもとに自分の普段の重心配分を探る。

ボールをセットする場所と体の向き

アドレスでは、正しい姿勢を作るということの他に、「正しい場所にボールをセットできるのか？」「正しい体の向きで構えられるのか？」ということが重要になります。プロゴルファーとは「素晴らしいスイングをする人達」ということは周知の事実ですが、同時に「常に正しい場所にボールをセットできる人達」であり、さらには「常にターゲットに対して正しい体の向きで構えられる人達」という事実はあまり取り上げられていません。

ゴルフスイングとはゴルフクラブを持って踊るダンスであり、そのダンスで振られるクラブヘッドは、ドライバーでは空中を通過し、それ以外のクラブでは地面を触ります。そして、このダンスが常に同じように踊れるようになるとクラブヘッドはインパクト時に一定の場所を通過するようになるので、その場所にボールをセットしさえすればボールなど見なくても打てるということになります。

このように運動としてゴルフスイングを見てみると、**重要なことは「ボールを上手く打つことではなく、正しい場所にボールがセットできるか」「目標に飛ぶような向きで構え**

られるか」という2項目であることがわかると思います。

言い換えれば、ゴルフスイングというダンスが一定になればなるほど、正しくない位置に置かれたボールは上手くヒットできなくなるということです。さらには、正しくない向きで構えて打ったボールは、目標方向には飛びません。

実際このような目でプロゴルファー達のプレーを見ていると、彼らはクラブの振り方に対してのこだわりは持っていますが、それ以上にアドレス時のボールをセットする場所と体の向きにこだわっていることがわかります。

ですから常に一定の場所にボールをセットすることに加え、しっかり打てたときにボールが目標に飛ぶ構えが作れるようになって初めて、同じスイングを行うための練習が身を結ぶのです。

しかし、アマチュアゴルファーの練習は、いかに上手くボールを捕らえるかに主眼が置かれていることがほとんどです。そして、その練習ではアドレス時にボールをセットする場所には根拠もなく、無造作に置いたすべてのボールが上手く打てなければ上達しないと考えてしまうのです。

さらに、体の向きもボールを飛ばそうとする方向ではなく、そのときに向きたい方向を向いています。それにもかかわらず狙いたい方向にボールを飛ばそうとしてスイングを繰り返しているのですから、これでは安定したスイングはもちろん、正しいアドレスやボールを置く位置を習得するのが難しいのは当然です。

冷静に考えてみれば、異なる場所に置かれた2つのボールが両方とも上手く打ててしまった場合、その2球を打ったスイングは同じスイングではないということです。同様に、異なる体の向きで打ったボールがともに狙った方向に飛んでも同じことです。

そこで、同じスイングでボールが打てるようにするためには、正しい姿勢でアドレスを作ることを前提とし、同じスイングができたときにスイートスポットでボールが捕らえられ、その球が毎回目標に飛ぶようにするための「スイング軌道上へのボールセット」と「目標に対しての正しい体の向き」が重要になってきます。ただし、姿勢以外の2つの問題は、練習場だと注意しなくても自然にできてしまうことが大きな問題です。そして、その問題にこそ、練習場で上手く打てるのに、コースで上手く打てないゴルファーが誕生してしまう理由があるのです。

練習場では何球も同じ位置からボールを打つので、いつの間にか打ちやすい位置にボールがセットできるようになります。また、体の向きも練習場のゴルフマットが正方形もしくは長方形であることからターゲット方向にスクエアに構えやすくしてくれます。しかし、ゴルフコースではボールは1球しか打てません。つまり、予行練習なしにたった1球の球を上手く打たねばならないということです。

また、狙った方向にボールを打つために必要なスクエアな構えを作りたくても、足元にマットがあるわけではないので、アシストしてくれる物体もありません。コースではむしろその逆で、ティーグランドがゴルファーの打ちたい方向に向いていることは稀であり、フェアウェイの向きもグリーン方向でない場合も少なくないのです。

このように考えると、スイングする前にボールを置く場所も含めてどうやって正しいアドレスを作るか？　という準備がいかに大切かわかるでしょう。

そこで、ここからは、正しい場所にボールがセットできて、正しい体の向きで構えられるセットアップの方法を紹介していきます。

この方法は、ボールに構えるときの手順であるため「セットアップルーチン」と呼ばれますが、その手順の中に、正しいボールセットと正しい体の向きが作れる方法を折り込み、この2つが常に確実に行えるようにしています。

セットアップルーチン手順

　ここでは、「セットアップルーチン」の手順について説明します。まず、ボールの後方に立ち、目標とボールの間にスパットを見つけてください（図㉜）。そして、見つけたスパットに対してクラブのリーディングエッジを直角にセットします（図㉝）。続いて、リーディングエッジの延長線上に右足内側の線を合わせます（図㉞）。

　その後、その右足から一定の距離に左足の位置を決め（図㉟）、このときに左足のつま先の向きと膝の向きを決めます。ここから、右足を開いて右足の位置を決めます（図㊱）。

　ここで、右足のつま先と膝の向きを決めます。最後に、左グリップを作り左腕のポジションを決め、右グリップを作りアドレスが完成します。ただし、このセットアップルーチンをコースで取り入れるには、素振りからスイング始動までの時間があっても不安にならないというレベルのゴルファーでないと、このルーチンを取り入れることは難しいのです。そのため、初心者の場合はボールのすぐ横で素振りを行い、そのまま1歩前に出てすぐスイング始動するというパターンでコースラウンドするほうがいいでしょう。

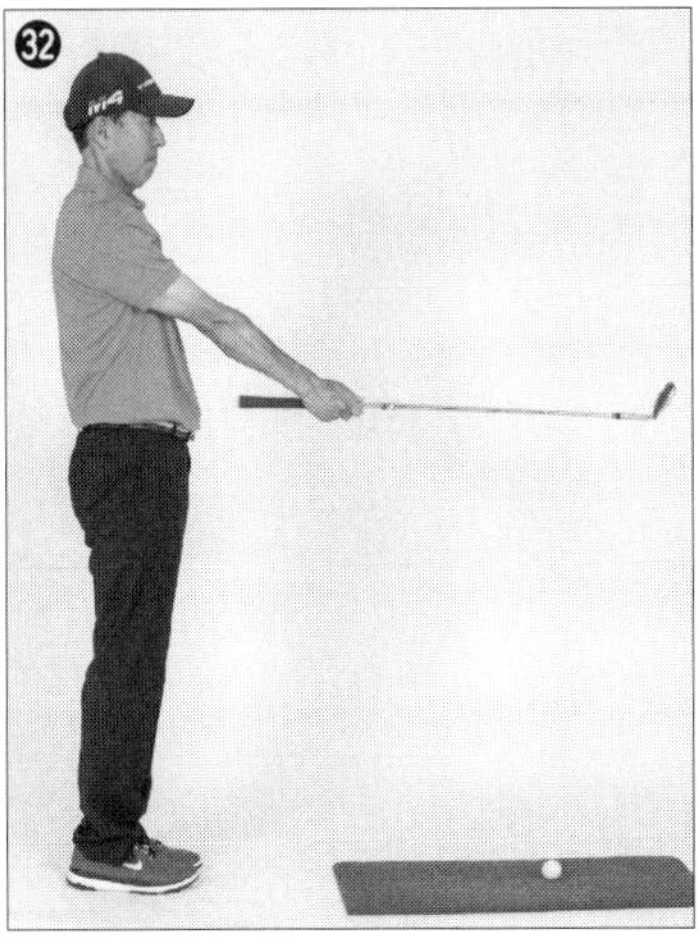

後方に立ちスパットを見つける。

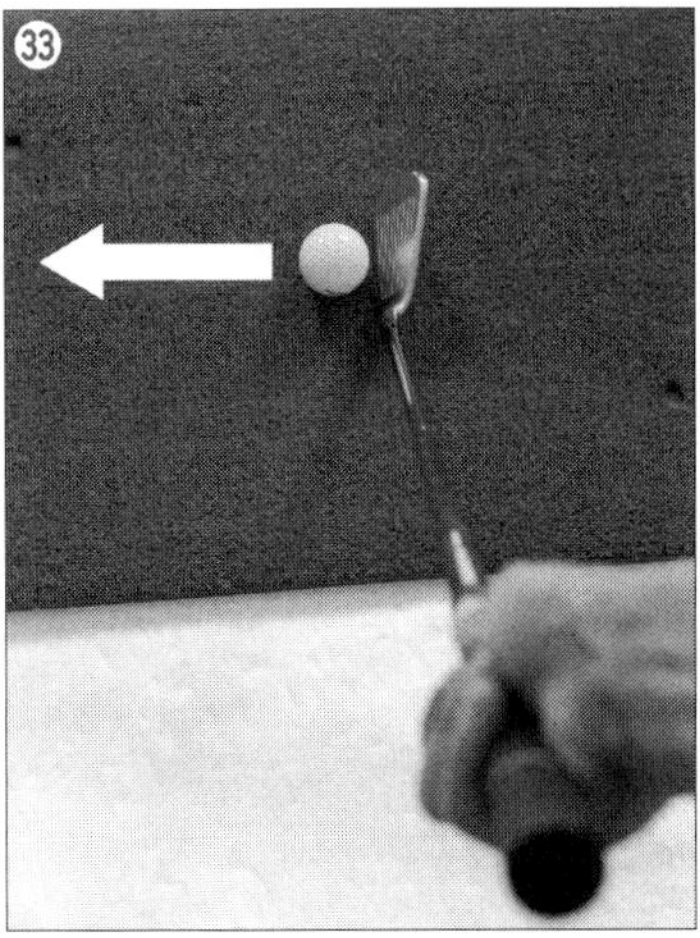

スパットとボールを結ぶ線に対しリーディングエッジを直角にセット。

リーディングエッジの延長線上に右足内側のラインをセットする。

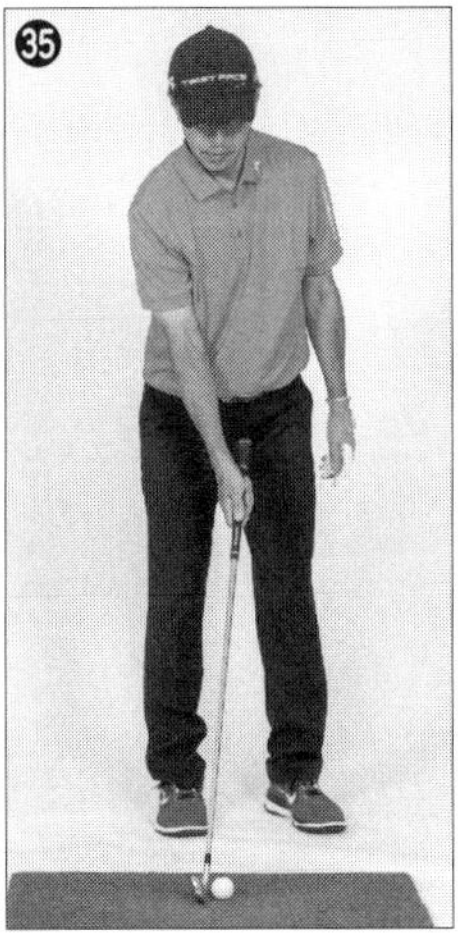

左足ポジションを決める。

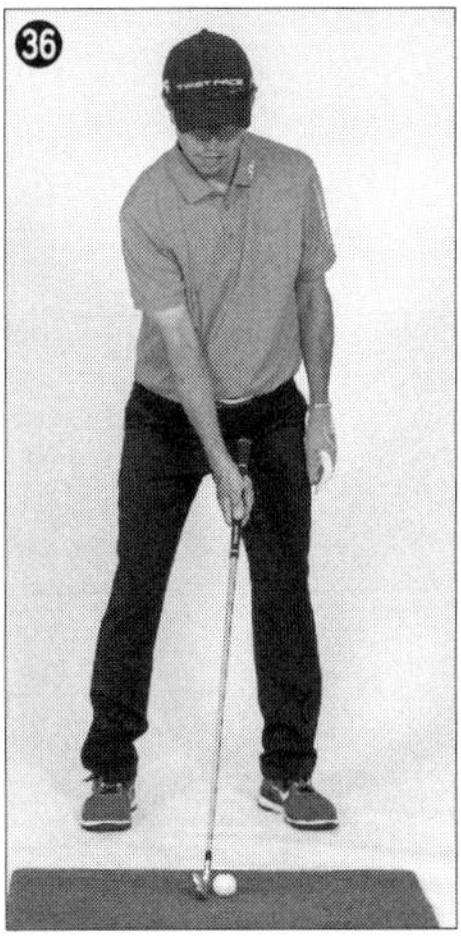

右足のポジションを決める。

セットアップルーチンを身に付けるための準備

これまで紹介したセットアップルーチンは、ボールの後方に立ってから、スパットを決めてアドレスを作りますが、スイングを開始するまでに素振りはできません。そのため、素振りはボールの後方に立つ前に済ませておきます。この手順はクラブの振り方が一定になっていないゴルファーの場合、素振りの直後にショットが打てないことに不安を抱えることになります。

もちろんプロゴルファーは素振りをしてすぐショットを打つというルーチンでプレーをしていません。これは上級者ほど、素振りから実際のショットまでに長い時間が経過しても自分はしっかりスイングできるという自信があるからできるのです。

ただし、素振りからの時間があくセットアップルーチンを取り入れてミスショットが出たとしても、それがルーチンを行ったためでないと思えるなら、できるだけ早い時期からセットアップルーチンを身に付け実践していったほうが、ショットの安定性と方向性が高められ上達が早いことは確かです。

クラブの振り方が一定になっていないゴルファーがルーチンを習得する準備

①ボールの後方に立ち素振りを行う。

②ボールの後方からスパットを決めてアドレスを作る。

③実際にショットを行う。

ボールと体との距離

ボールを置く場所には2つの要素があります。1つは「ボールと体の距離」で、もう1つは「ボールの左右の位置」です。この2つはクラブが変わっても常に正しい場所でなければなりません。これは非常に難しいことですが、前出のセットアップルーチンを使うことで、ある程度可能になります。まずはボールと体の距離を常に一定にする方法から説明しましょう。

多くのゴルファーは14本のクラブの中でドライバー、ウェッジ、パター以外では、もっとも使う機会が多い7番アイアンですら、どの距離にボールをセットすればいいのかわかっていません。これでは毎回、長さの違う7番アイアンを使ってゴルフコースをプレーしているのと同じことになってしまいます。

もし練習場のように同じクラブで何度も打つことができるなら、打っている間に自然にボールと体の距離が正しくなっていくということもありますが、コースの「この1球」ではそのようなことは起こりません。では、どうすればたった1球しか打てないゴルフコースでのラウンドで、番手の異なるクラブを使っても正しい距離にボールをセットできるようになるのでしょう？ その答えがセットアップルーチンに含まれています。その方法を説明する前にまずボールと体の距離の定義を明確にしておきます。

ボールと体の距離とは、アドレス時のゴルファーの両方のつま先を結んだラインとボールの距離であり、それをアドレス作りの中で再現する必要があります。

これに対して**多くのアマチュアゴルファーは、ボールと体の距離はアドレス姿勢を完成させたときにクラブヘッドのある位置にボールを置けばいいと考えています。**しかし、これだとアドレスが完成するまでボールを置く場所は決まりません。

また、アドレスが変わればボールの場所も変わってしまうことにもなるのです。それを解消するために、**ボールの横でアドレス姿勢を完成させてからその形を崩さないで一歩前に出て構えるアマチュアは多い**のですが、この手順では正しい姿勢も崩れやすいうえに体の向きを正しくセットすることは到底できません。

そこで、体に対して正しい距離にボールをセットするために、アドレス時のつま爪ラインとボールの距離を決めてしまいましょう。

これでアドレス姿勢に関係なく正しいボールと体の距離を決めることができます。

さらに、その距離のボールにアドレス時のクラブヘッドがセットされることで、より一層正しいアドレス姿勢が再現しやすくなります。

また、アドレス時の姿勢が多少悪くても、スイング軌道が安定してくればクラブヘッドが通過する位置も一定の場所になってきます。そのためボールを置く位置を一定にすればするほどボールヒットの確率は高まるのです。

セットアップルーチンの中でボールと体の距離を一定にする方法とは、右足ポジション姿勢でグリップエンドの位置をチェックすることです（図㊲）。

アドレス姿勢時にグリップエンドと体の距離を決めてしまえば、クラブシャフトの長さは一定なのでボールは毎回同じ距離に置けることになるからです。

つまり、ボールに対してクラブフェースをセットし、そのクラブのグリップエンドと体の距離が決めた距離になるように右足を置く位置を決める。この手順を覚えることでボールをいつも正しい位置にセットできるようになります。

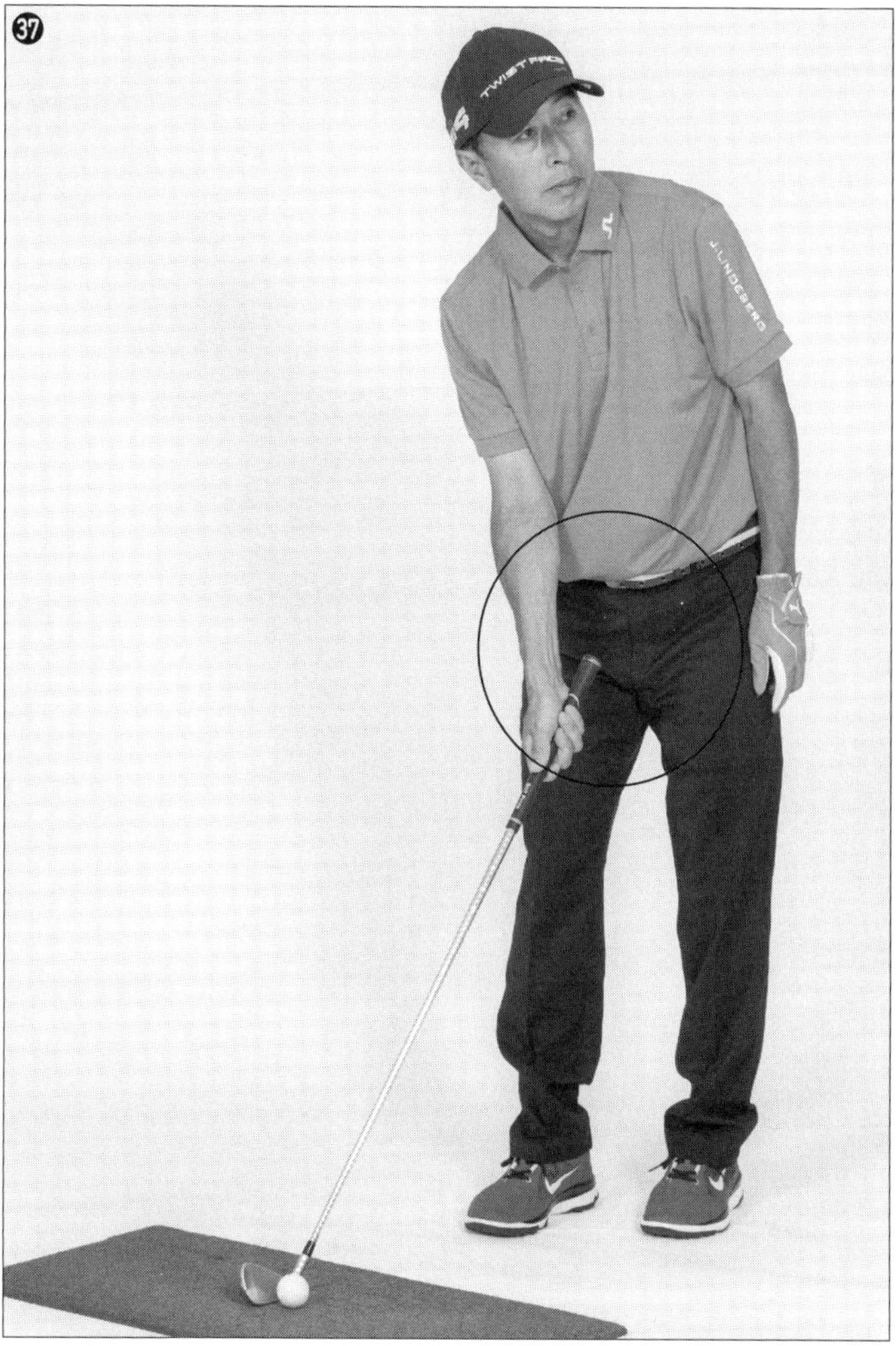

右足ポジション姿勢時にグリップエンドと体の距離を覚えてしまえば、クラブが変わっても正しい距離にボールをセットすることができる。

正しい距離にボールを置くための練習方法

　ここでは7番アイアンで右足ポジション姿勢を決める練習を紹介します。まずは練習場で7番アイアンを使って数球ボールを打つか、もしくは素振りをしてください。そして、そのときいい感じで打てるボールの場所、もしくは素振りでクラブヘッドが通過する場所を確認します（図38）。このとき、ボールが置かれた場所が遠いと図39のようなインパクトとなりトップショットが発生します。いっぽう素振りではクラブヘッドは地面を触らないので、明確な位置がわかりにくいのですが、7番アイアンの場合は45～50㎝と設定してください。これは身長や腕の長さに個人差があるため、大まかな目安として考えます。

　ボールの場所を決めたら、図40のように両足つま先ラインにクラブシャフトを置き、右足ポジション姿勢を作ります。そのとき体とグリップエンドの距離に目安を作ってください。このとき作った距離が毎回同じならボールは正しい距離にセットできるようになります。そして、この右足ポジション姿勢時のグリップエンドと体の距離は一度覚えてしまえば、ドライバー以外すべてのクラブでボールと体の距離を一定にすることができます。

ボールと体の距離は両つま先のラインとボールの距離になる。

ボールと両つま先ラインが遠いと、ダウンスイングで上体が突っ込まない限りトップショットになる。

ボールとつま先ラインの正しい距離は、右足ポジション姿勢をとったときのグリップエンドと体の距離で管理する。

クラブの番手ごとのボール位置の調整

ゴルフクラブにはライ角というものがあり、図❹❶のようにすべてのクラブの手元を一定して構えることができます。そのため1種類の手元の位置を決めれば、ドライバー以外のすべてのクラブに対応できるのです。

アイアンが1番手変わったときのボールの置き場所の目安はボール半分の調整と考えてください。ボールの大きさは直径4㎝ぐらいなのでクラブごとに約2㎝の差が出るということになります。

ただし、ドライバーに関しては多少異なります。プロゴルファーがたまに見せる地面からドライバーを打つ場合はこの方法に基づいて、クラブシャフトが長くなった分だけボールを遠くするというやり方がそのまま使えます（図❹❷）。

しかしティーアップされたボールを打つ場合はさらにボールから離れなければなりません（図❹❸）。その理由は、スイング中に頭の位置が前に出ないという条件なら、スイング目標が遠くなればクラブヘッドは空中を通過するからです。

地面にあるボールを打つ場合、グリップの位置はすべて同じ位置に構えるのが正しい。

地面にあるボールをドライバーで打つ場合、グリップエンドと体の距離は他のクラブと同じ。

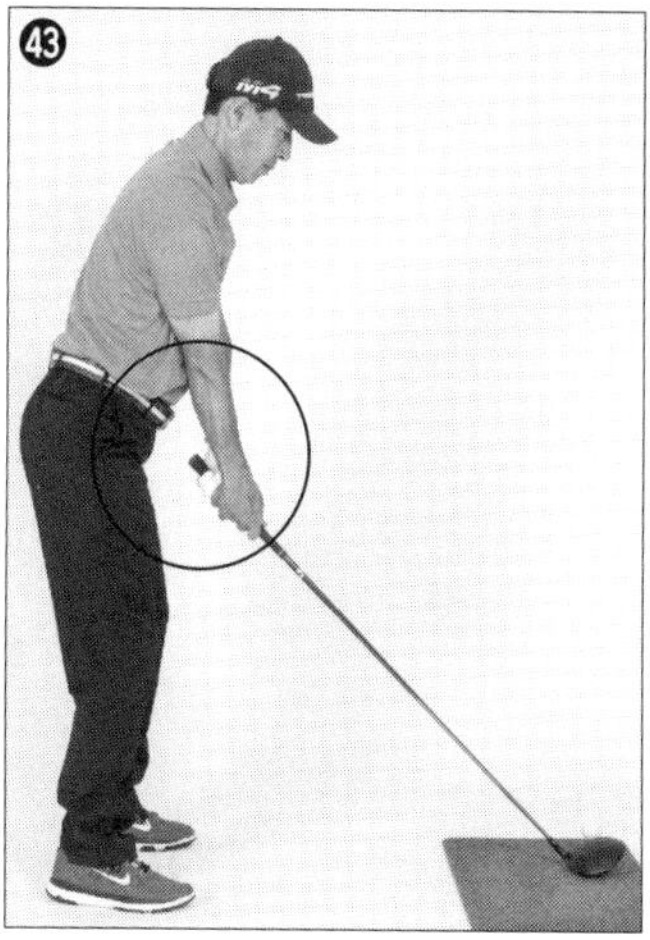

高くティーアップしたボールをドライバーで打つ場合、グリップエンドは他のクラブよりも体から離れる。

ですからドライバーショットはボールの場所を遠くして体の回転速度を上げ、クラブヘッドが遠心力で遠い空中を通過するようにしてティーアップしたボールをヒットします。

そのために、セットアップルーチンの際に、ドライバーショットの場合には右足ポジション姿勢時にグリップエンドと体の距離を他のクラブより離すことになります。

また、ドライバー以外のクラブでティーアップしたボールを打つ場合、できるだけ同じスイングでボールが打てるように、フェアウェイにボールが浮いている程度の高さにティーアップすることが重要です。

これまでの説明のように、どのクラブでもセットアップルーチンを行ったあと、普段練習しているスイングをしてください。

これにより、番手が変わっても、ボールを打つ場所がゴルフコースに変わっても、クラブの振り方を大きく変えないで対処できるようになります。

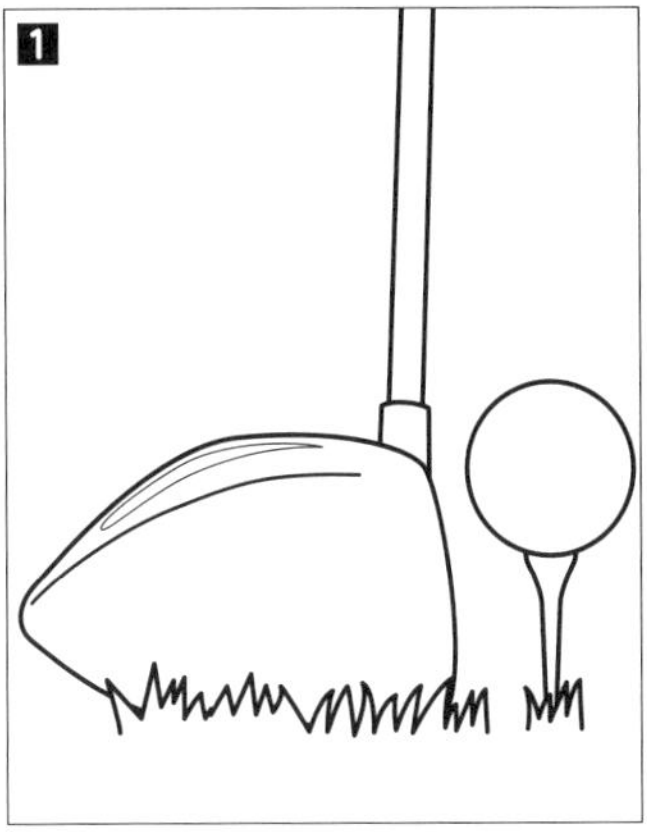

①クラブヘッドが遠心力で遠い空中を通過するためティーアップする、通常のドライバーショット。

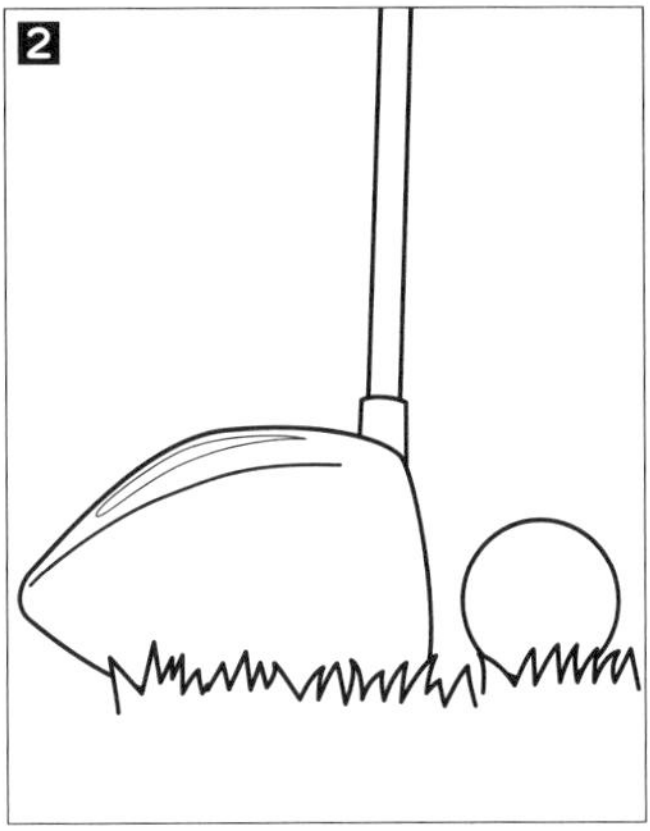

②地面からドライバーを打つ場合は、クラブシャフトが長くなった分だけボールを遠くするというやり方がそのまま使える。

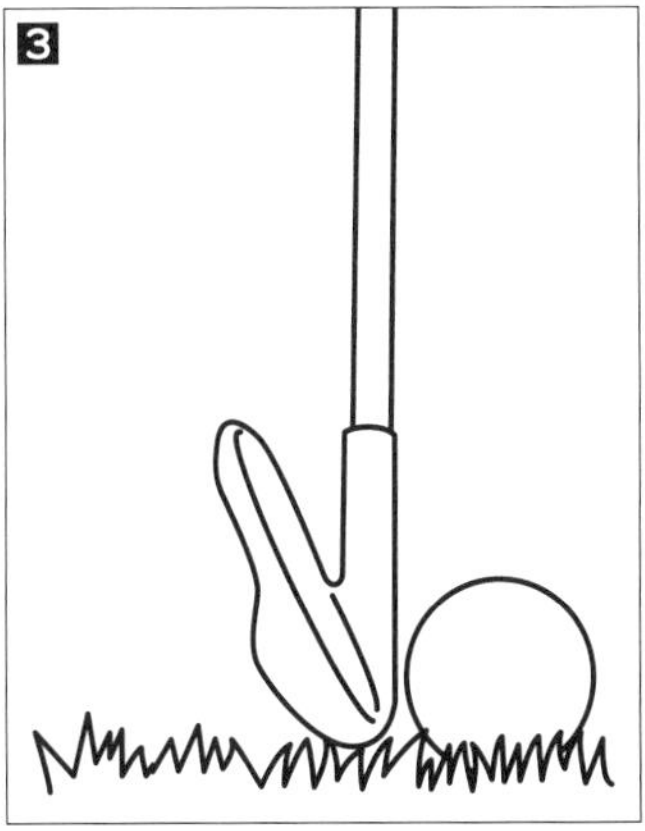

③通常のアイアンショットの場合、芝生の分だけボールは地面（足の裏の高さ）から浮いている。

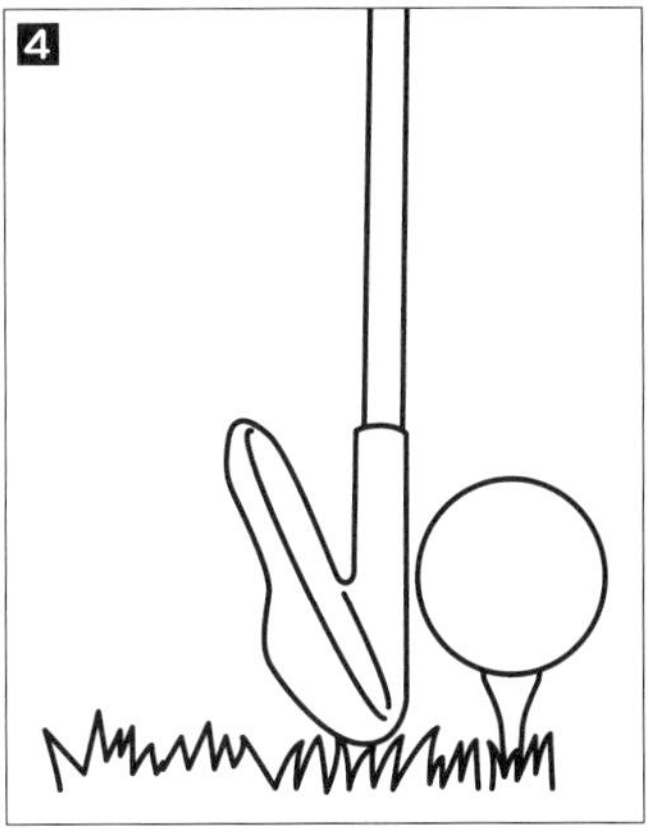

④ドライバー以外のクラブでティーアップしたボールを打つ場合、フェアウェイにボールが浮いている程度の高さにセットする。

正しい距離にボールを置くための練習方法

ボールをセットする場所は、ボールと体の距離の他に左右の位置も重要になります。

一般的にはアイアンはダウンブロー、ドライバーはレベルブロー、もしくはアッパーブローで打つべきといわれますが、そのためにダウンスイングのクラブの振り下ろし方を工夫しているアマチュアプレーヤーは多いと思います。

しかし、一定のスイング軌道でもボールを置く位置を変えればボールヒット軌道の変化が作れることがわかります。

クラブヘッドの軌道は正面から見ると楕円軌道です。この軌道の中でクラブヘッドが地面に到達する前にボールをヒットすればそれはダウンブローとなり、最下点やそこから上がってくる過程でボールを捕らえればレベルブローもしくはアッパーブローとなるわけです。

このように考えると、ダフるショットはダウンスイングの軌道が間違っていることと、スイング軌道とボールを置く位置の関係が間違っているという2種類の原因があることがわかります。

例えば、クラブヘッドの円軌道が右足に寄っている正しくない軌道だと、クラブヘッドはボールの手前の地面を触ってしまいますが、正しいスイング軌道だとしてもボールの置かれた位置が左側にありすぎる場合も、クラブヘッドはボールの手前の地面を触ってしまいます。

そこで、正しい位置にスイング軌道が作られているという前提で、ボールをダウンブローでヒットできるようにセットする方法を紹介します。この方法もセットアップルーチンに入れてください。

ボールを置く左右の位置を一定にする方法で重要になるのが、セットアップルーチンの左足ポジションの決定です（図㊹）。右足ポジション姿勢から左足のポジションを決定するときに、スタンス幅が一定であるという前提であれば、左足のポジションが右足から離れれば離れるほど右足のポジションは右足ポジション姿勢から近くなるのです（図㊺）。つまり、ボールは右足に寄るということです。

これに対して、左足の位置が右足ポジション姿勢から近ければ必然的にボールは左足に寄ってしまいます（図㊻）。

ここからわかるように、左足ポジションの決定を右足ポジション姿勢から何センチの位置にするかを決めて練習すれば、常に一定の位置にボールが置けるようになります。

スタンス幅によって個人差はありますが、15㎝前後を目安にするのがいいでしょう。

これに対して、ドライバーの場合は、左踵を右踵にぴったりくっつけて右足だけをスタンス幅分だけ開くようにします。これによってボールは左踵前にセットされることになります。

ドライバーのシャフトが長くなった近年では、左踵の前よりもさらに左にボールを置いて打つこともできるので、その場合はフェースセットの際にリーディングエッジをボールから若干離してその位置を基準にします。

その後セットアップルーチンを行ってアドレスを作ればボールは左親指の前ぐらいまではセットできるのです（図㊼）。

ただ、それ以上左へのボールセットはショットの方向性を考えるとおすすめはできません。

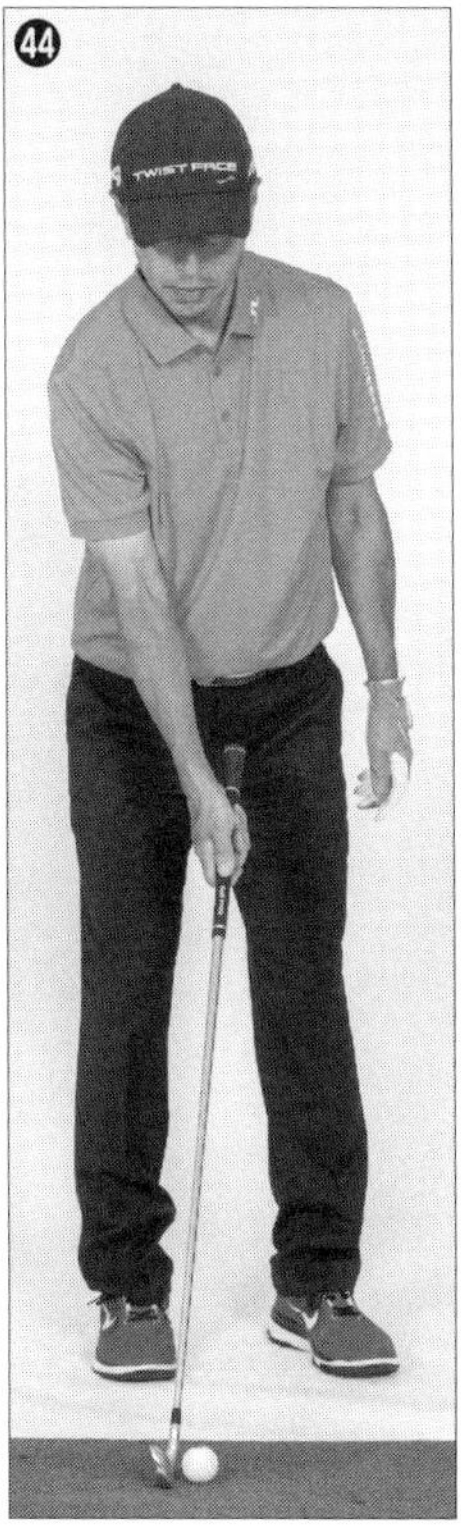

右足ポジション姿勢から左足をアドレスの位置に動かして左足の位置を確定させ、その後右足を開く。

左足を置く位置が右足から離れていると、アドレス姿勢をとったとき、ボールが右足寄りになってしまう。

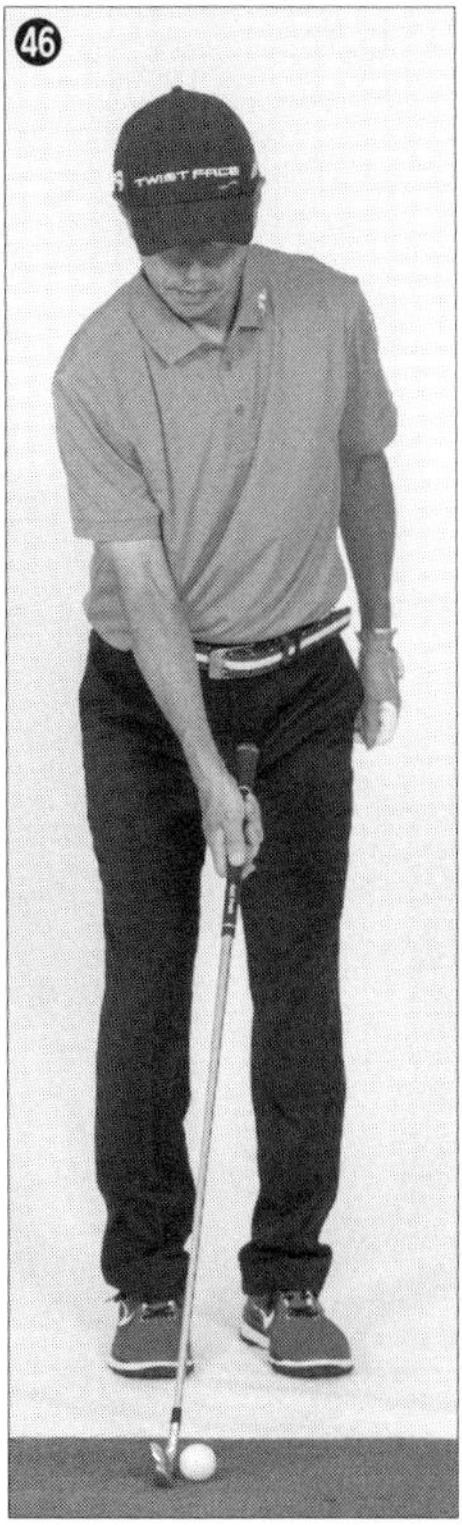

左足を置く位置が右足に近いと、アドレス姿勢をとったときにボールが左足に寄ってしまう。

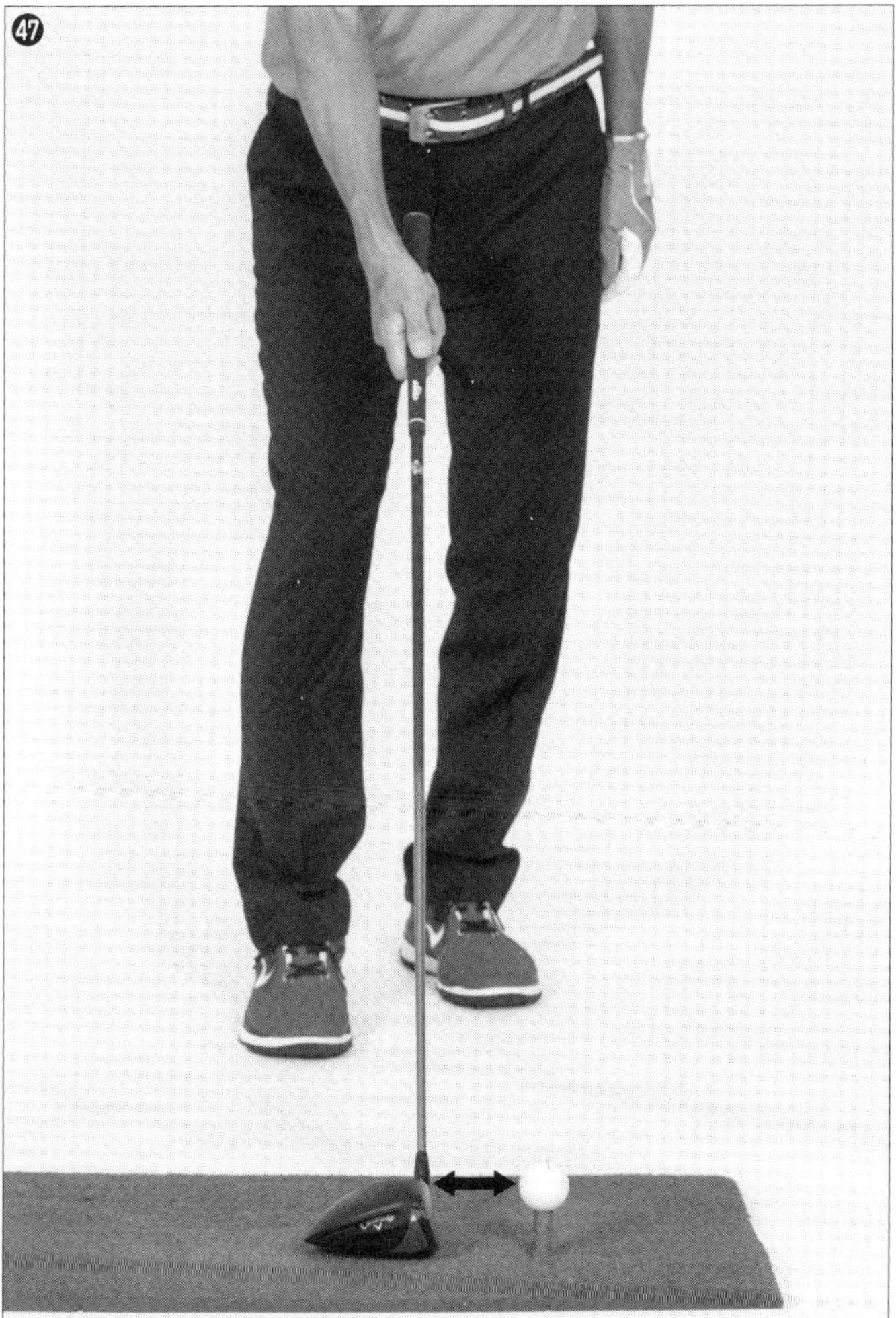

ドライバーのヘッドとボールの間に隙間を作って、通常のセットアップルーチンを行えばボールを左踵よりも左側に置くことができる。

体の向き

最後は体の向きです。これがしっかりできていないと、ナイスショットを目標に飛ばすことは難しくなります。

体の向きは意外と厄介で、狙っている方向と違う向きで構えていても、目標方向がなんとなくわかると体の向きとは無関係に狙ったほうに、ボールを飛ばすスイング軌道でボールをヒットしようとしてしまうのです。こうなると体の向きとスイングする方向の関係が練習場と変わってしまいます。

例えば、右を向いて構えてしまうと通常練習しているスイングよりクラブを左に振り抜かなければならなくなります。そうなると右向き度合いが極端になればボールをヒットすることはできなくなるし、若干の場合はナイスショットが右に飛び出すということです。これは左を向いて構えるゴルファーも同様です。この場合も、振り方の工夫でなんとか左に飛ばさないようにしていくと、最後にはボールヒットができなくなっていくのです。このように振り方を変えると、スイングも崩れ、ボールも上手く打てなくなってしまうのですが、もし左を向いて構えたゴルファーがナイスショットを左に飛ばした時点で体の向きの誤りに気づき修正することができれば、次のショットから普段練習しているスイングを崩さないでラウンドできるということです。そこでセットアップルーチンを使って正しい体の向きで構える方法を紹介していきましょう。アドレス時の正しい体の向きとは両膝、両腰、両肩のそれぞれを結ぶラインが飛球線と平行な左を向いて構えることです（図㊽）。

練習場では足元の四角いマットのおかげで自然に正しい体の向きで構えられます。しかし、ゴルフコースではそのような目安はないので何らかの方法で正しく構える必要が出てきます。体の向きを正しくセットするには、セットアップルーチンの中で3回ほど構える向きのチェックを行い、目標方向に対して体をスクエアにセットします。まず初めはフェースセットのときのリーディングエッジの向きです。

このとき、リーディングエッジを目標に対して直角にセットして、その延長線上に右足の内側の線を合わせた右足ポジション姿勢をとり、クラブシャフトと飛球線が直角になるようにします（図㊾）。もし直角感がなければ、右足の位置を図㊿・51のように動かして直角感が出るところに右足ポジションを決めます。この調整が行えるように右足ポジション姿勢では両足を揃えることはしないのです。

正しくない体の向きで構えると、両つま先のラインや両膝、両肩ラインが飛球線と平行にならない。

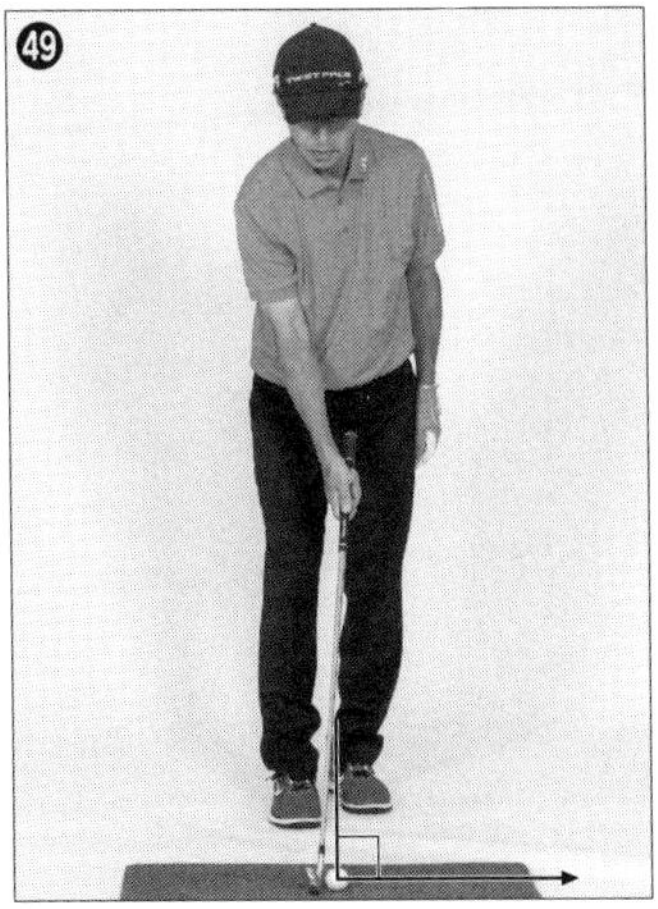

右足ポジション姿勢では足元のラインとフェースと目標を結ぶラインが直角になる。

左を向いていると感じた場合は、右足ポジション姿勢のときに向きを修正する。

右を向いていると感じた場合は、右足ポジション姿勢のときに向きを修正する。

次のチェックポイントは、左足ポジション決定のときの左足の位置です。このときの左足の位置は右足ポジション姿勢から平行に足を開いた位置なので、その位置が正しければ肩や腰のラインも飛球線に対して平行に構えやすくなります。そこで左足ポジションの決定には注意を払う必要があるのです。

続いて、右足のポジションを決め、左右のグリップを作った後にもう一度目標方向を見て左肩がどれぐらい視界に入るかをチェックし、肩の向きが正しくセットできるようにトレーニングしてください。目標を見た場合、もし肩のラインが右を向いていれば左肩は視界に多く入るし（図52）、左を向いていればあまり入らないのです（図53）。

正しい肩の向きで目標を見たとき、どれぐらい左肩が視界に入るか（図54）を覚えることを最後に行い、もし違っていたらボールの後ろに立つところからやり直します。

以上のセットアップルーチンを行ってボールをセットすることで、正しい体の向きを作ることができれば、練習場と同じスイングもしやすくなるので当然ナイスショットの確率は高まります。このセットアップルーチンは、できればボールの後ろに立ってからショットが終わるまで17秒程度で済ませるように練習してください。なぜなら、17秒以上かかってしまうとスロープレーにつながる可能性があるからです。

肩が目標よりも右を向いている場合、目標を見ると左肩がかなり見える。

肩が目標よりも左を向いている場合、目標を見ると左肩はほとんど見えない。

正しいアドレスで目標を見たときに左肩の見え具合を覚えておく。

第3章

顔の向きの対策

ナイスショットに必要な「正しくボールを見る方法」

コースで上手く打てないゴルファーの共通点に「ボールの見方が上手くない」というのがあります。従来、頭は動かさずにボールをよく見るというのが定説ですが、これは「頭の位置も顔の向き」もまったく動いてはいけないと解釈されています。しかし、プロゴルファーのスイング写真は、頭の回転軸は後頭部まで伸びており、頭の厚み分は若干だが左右に動いているのです。アドレスでは正面を向いている顔がトップオブスイングではわずかに右方向に、フィニッシュでは完全にターゲット方向を向きます（図❶・❷・❸）。

しかし「頭を動かすな！」という言葉通り、打ち終わってもボールがあった位置を見続ける人は多いのです（図❹）。手っ取り早くクラブヘッドをボールにコンタクトさせるには効果的かもしれませんが、飛距離は望めません。そのため飛距離が欲しいコースラウンドで体を回そうとして顔の面が動いてしまうので、思い描くスイングができなくなってしまうのです。そこで、「頭の位置」と「顔の向き」の動かし方に焦点をあてて説明しますので、「コースで上手く打てるゴルファー」を目指しましょう。

アドレスでは帽子のつばが正面を向いている。

トップオブスイングでは帽子のつばが若干右方向を向く。

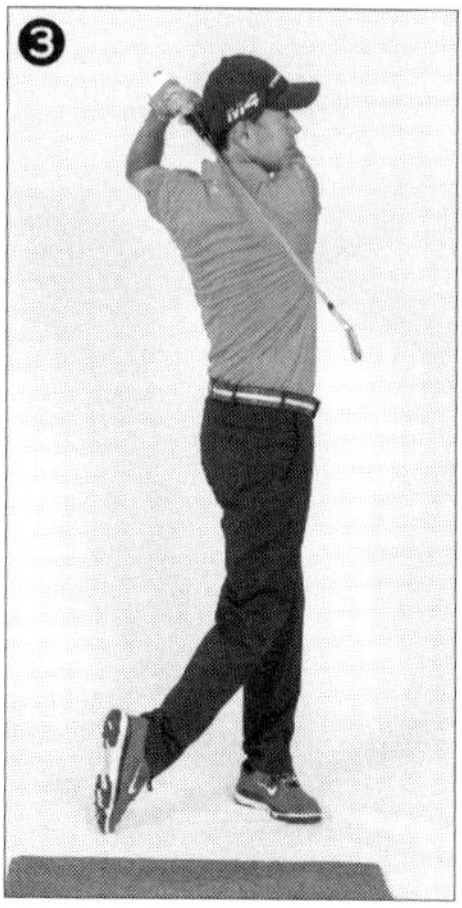

フィニッシュでは帽子のつばが目標方向を向く。

打ち終わってもボールのあった場所を見続けると、体が思うように回転できない。

テークバックの顔の向き①

バックスイング時の「頭の位置」の動きはとても小さくそれほど意識する必要もないので、ここでは「顔の向き」の動きを説明します。左の写真はプロゴルファーのアドレスとトップオブスイング時の顔の向きです（図❺・❻）。この写真を見ても、プロゴルファーはバックスイングで顔の面を右にずらしているということがわかるでしょう。

この顔の向きの動きですが、首が長くてなで肩のゴルファーの場合は小さいのです。しかし、顔の面の固定がバックスイングの体の回転を妨げてしまうゴルファーの場合は、多少なりとも顔の面を右に向ける必要があります。顔の面の動きが自分には必要かどうかを見分けるには、まずトップオブスイングで後方を見た後、顔を正面に戻して、これ以上戻すと首がきついという位置を見つけます（図❼・❽）。正面まで顔の面を楽に戻せないゴルファーは、バックスイング中、その位置まで顔の面が動かなければ十分な体の回転はできないということになるのです。この位置には個人差があるので帽子やサンバイザーをかぶり、そのつばの向きで自分の顔の面の動きをチェックするといいでしょう。

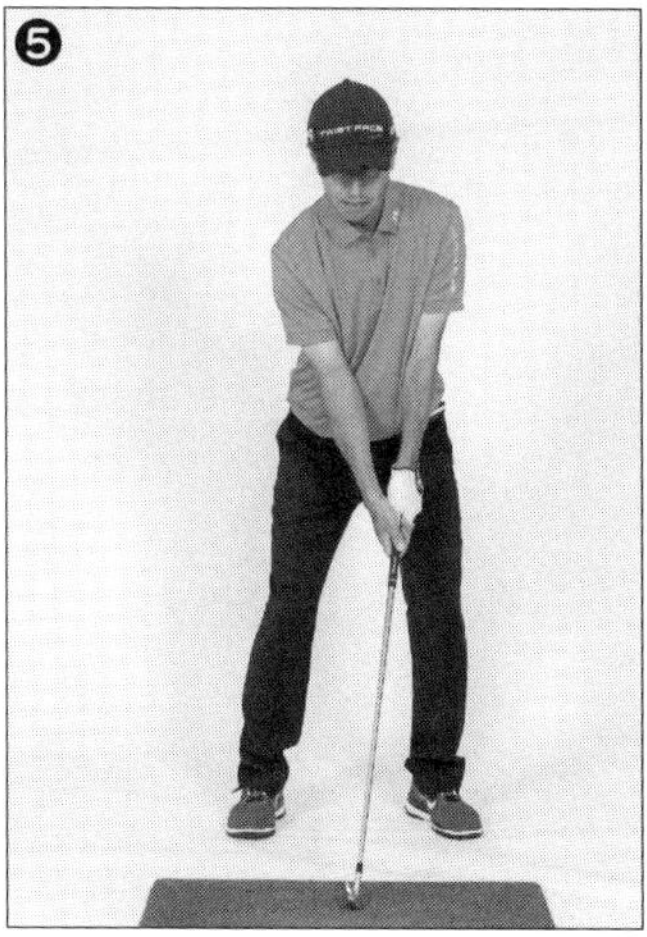

アドレスで顔は正面、若干右に傾いてもよい。

トップオブスイングでは肩の回転を邪魔しないように顔の面は右を向く。

自分のトップオブスイング時の正しい顔の向きを知るには、一回後方を見る。

後方を見て十分に体を回転させたら、そこから首に負担のかからない位置まで顔を戻す。

テークバックの顔の向き②

　次に顔の面は動くものの、同時に傾いてしまうのはNGなので注意が必要です（図❾）。このNGはよく起こりますが、原因は顔の面を固定しようとしてスイングしていることにあります。顔の面を固定しようとしているにもかかわらず体を十分に回転させようとすると、頭の左上の部分が残ってしまいトップオブスイングの顔の面が傾くのです。それにともないダウンスイングもアウトサイドイン軌道になります。顔の面を直すには頭の左上が動くようにしますが（図❿）、そこで問題になるのが眼球の動きです。ここまで、顔の面は動かさなければならないと説明しましたが、その際にボールは一応視界内にとどめてほしいのです。理由は、一度ボールから視線を外すとボールに対して視線と顔を戻す動きがダウンスイング時の上体の突っ込みを発生させる可能性を高め、常にシャンクショットを生み出す危険をはらんだスイングになってしまうからです。

　そこで、ボールを視界にとどめながら顔の面を動かすことになるのですが、この動きを行うには顔の面が動く間に目の中で眼球が動く必要があります。

顔の面を動かさずに体を回そうとすると、帽子のつばが左に傾いてしまう。

アドレスの位置から左のつばが右に動くかどうかが、頭が傾くか傾かないかの違いを生む。

アドレス時の眼球の動き

左の写真はアドレス時の眼球の位置を表しています（図⑪）。

このゴルファーは顔の面が大きめに動かないと十分なトップオブスイングの体の回転が作れないとすると、顔の面の動きも必然的に大きくなります。すると、アドレス時の目の真ん中にあった眼球はトップオブスイングでは目の左側に移動しなければなりません（図⑫）。このようにバックスイング中に眼球を動かすためには、文字などを見るような凝視的物の見方をすると上手くいかないのです。どちらかというと景色を眺めるような見方でボールを見るほうが上手くいくでしょう。電車の中から眼球の動きだけで建物などを追うことをイメージしてください。これができれば、バックスイング中に眼球の動きだけでボールが追えるようになります。そして、顔の傾いていないやや右を向いたトップオブスイングの顔の向きが作れるのです。

この顔の向きではボールの真上ではなく、やや右の内側を眺めることになり、ダウンスイングでインサイドからボールをヒットすることができるようになります。

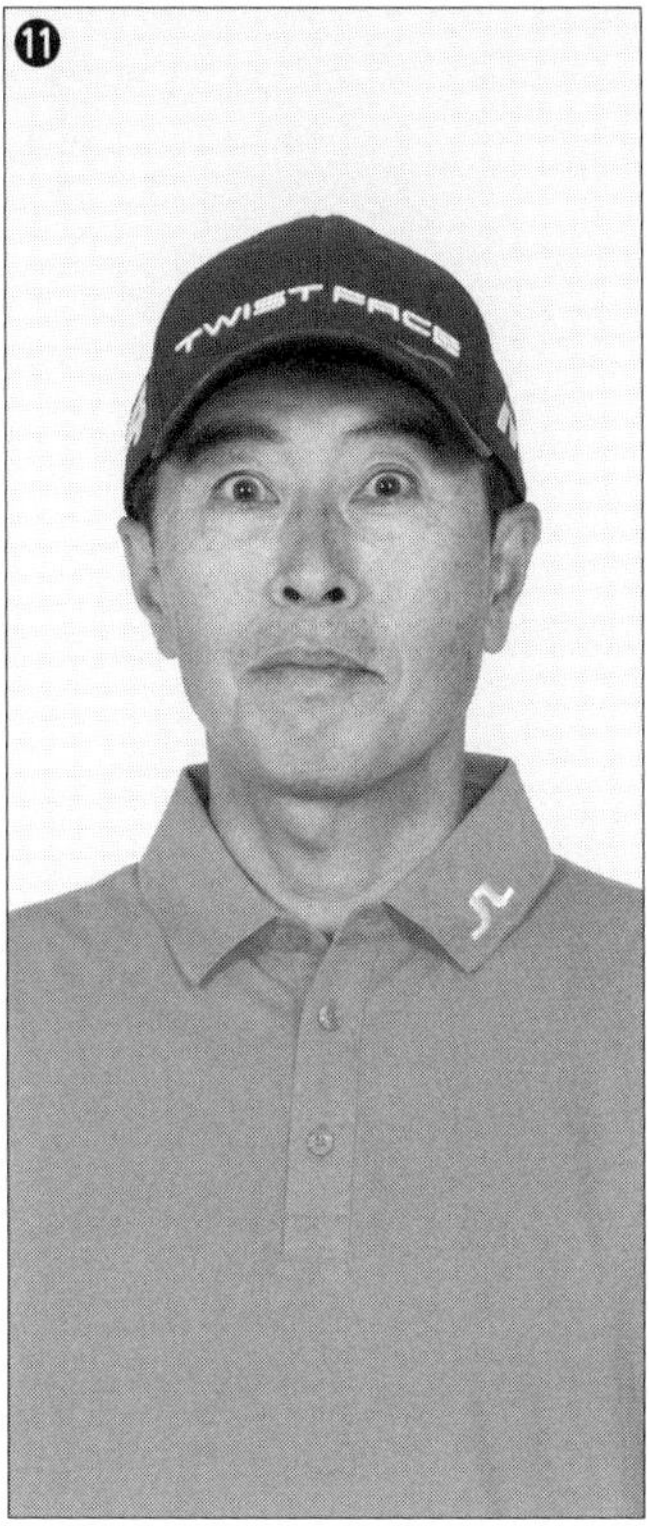

アドレスでは眼球は目のセンターに位置し、ボールを眺めている。

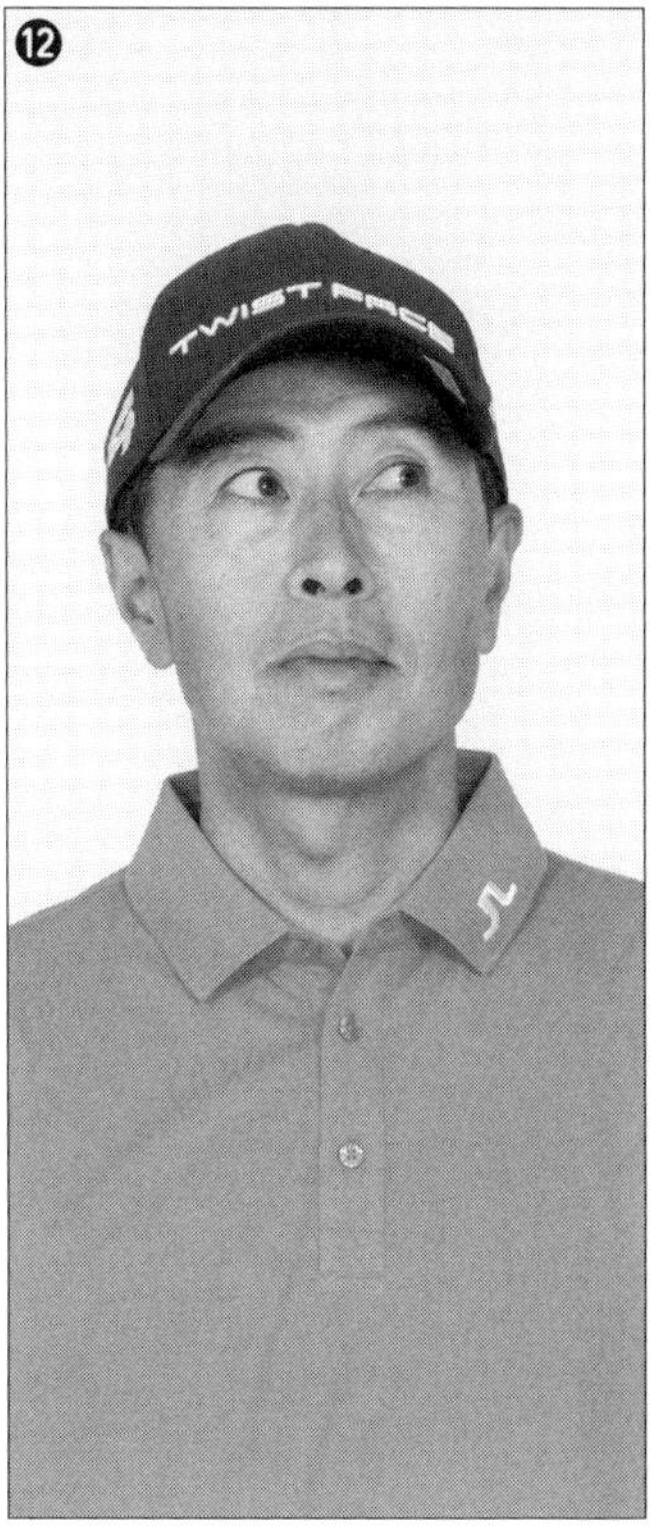

トップオブスイングでは眼球を左に寄せてボールを眺めている。

インパクトの顔の向き

トップオブスイングから腕は縦方向に下ります（図⓭）。この動きは左腕によって行われるのですが、左腕が縦方向の動きを行っている間は、右肩は前に出られません（図⓮）。逆に、右肩を前に出す回転では右肩と顔の位置は近いので、図⓯のように必ず顔の向きも正面を向いてしまいます。そのため、右肩を押し込むように回転するゴルファーのダウンスイングはアウトサイドイン軌道で顔が正面を向くのが早くなります。これをヘッドアップと考えて無理に顔の動きを抑えようとすると首を痛めかねません。

いっぽうでプロゴルファーの顔の向きがダウンスイング時に動かないのは左腕の引き下ろしを上半身が行っている間に下半身が上半身を回転させているからです。左腰を動かしているのが左太腿であり、この力が腰を動かして上半身が引っ張られて回転します。結果、上半身は下半身によって引っ張られるため、上半身のスタートに遅れが発生します。するとと肩が回転し始めてしばらくして顔の向きが変わることになり、インパクト時とトップオブスイング時の顔の向きはあまり変わっていないのです（図⓰・⓱）。

左腕が下げやすい、手の位置が高いトップオブスイング。

左腕を引き下げる動作では、右肩が前に出ないため顔は動かない。

右腕でクラブを下ろすと、右肩が前に出て顔も正面を向く。

正しいトップオブスイングから左腕を下げながら左足で腰を回す。

左サイドリードのダウンスイングを行うと、インパクトではまだ顔の向きはアドレス時の向きのままである。

つまり、プロゴルファーの頭と顔の向きがインパクトまで変わっていないのは、彼らが意図的に頭を残しているわけではなく、あくまでも下半身リードの正しいスイングを行った結果ですが、雑誌やテレビの解説では、「頭を動かさない」「顔を残している」と説明されることが多いのです。ここが一般ゴルファーの誤解を招くポイントです。意図的に頭を固定するのではなく、ただ頭に左腰の回転がインパクト時にはまだ伝わらず、頭が体に対して回転遅れしているだけだと理解してください。

「頭の回転遅れ感覚」をつかむための練習として、トップオブスイングを作って、そこから腕を先に下げて、いったん停止してから体を回転させボールを打つ練習をします。この練習では、トップオブスイング時の顔の向きを変えずに腕だけを左腕の引き下ろしによって図⓲の位置まで下げます。このとき、体幹部はまったく動かさないため、トップオブスイングの顔の向きもそのままなのです。

次に下げた左腕を左胸に密着させながら、左足を使って体を回転させボールをヒットしてインパクトで止まります。もちろんこのスイングはインパクトで止めるので強いボールは打てません。しかし、インパクト時に腰の回転が一番回転方向に対して先行し、続いて肩、一番回転していないのが顔の面ということがわかるでしょう（図⓳）。

⑱

トップオブスイングから体幹部を動かさずに、左腕を下げクラブを水平にセットする。

⑲

左足を使って腰を回転させてインパクト姿勢を作ってみると、腰・肩・顔の向きの順で回転が進行しているのがわかる。

フォロースルーの顔の向き

インパクト以降クラブは腕によって縦方向に動かされながら、体の回転で左方向に振られます。この体の回転で頭も動かされ、回転の中心となる左足の上でフィニッシュ姿勢となります。このとき、頭はアドレス時の位置からちょうど半分、後頭部を軸とした回転で左に動き、顔は目標方向を向いて止まるのです（図⑳）。

これに対して、右サイドの突っ込みが早いスイングでは、図㉑のようなフィニッシュ姿勢になります。このフィニッシュ姿勢は、正しい下半身先行回転で作られたフィニッシュ（図⑳）に比べて右肩が前に出るため、頭の位置も大きく左へ動くのです。正しいダウンスイングからフォロースルーでは、下半身の回転で顔が動かされます。そのため仮にフィニッシュ時にコの字の位置で止まるスイング（コの字スイング）（図㉒）を行った場合には、顔はまだ正面を向いていません（図㉓）。これに対して、上半身、特に右肩が突っ込むスイングの場合には、コの字の時点ですでに右肩が前に出て、頭の位置と顔の面が動いてしまいます（図㉔）。

正しいフィニッシュ姿勢では頭は左足の上におさまる。

上半身先行のスイングでは頭が前に出てバランスの悪いフィニッシュとなる。

フィニッシュ時の左腕とクラブシャフトが片仮名のコの字になるコの字スイング。

正しいコの字スイングのフィニッシュでは顔はまだ目標を向いていない。

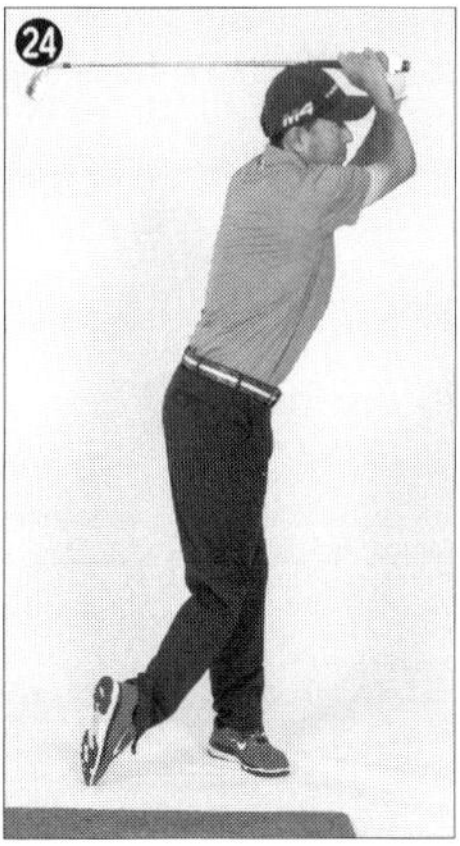

上半身先行回転のコの字スイングのフィニッシュでは、顔がすでに正面を向いている。

右肩を前に出すことによって体を回転させるスイングでは、上半身の回転を止めることは難しいといえます。

しかし、下半身先行の回転をした場合には、上半身の回転を止めても下半身は回転しているため、下半身の回転を上半身が止めるという構図になるのです。コの字スイングでボールを強く叩く練習をすれば、下半身主体の回転が身に付けられます。

そのため、フルスイングとはコの字スイングのように上半身が止まろうとしないで惰性で回るものということが理解できるはずです。

左足が左腰を回転させ、その勢いで上半身が回転するスイングがフルスイングであり、上半身は積極的には回転していないということであり、これは、コの字スイングがしっかり作れるということにもつながります。

こうなると、上達のポイントはコの字スイングでしっかりとボールがヒットできるようになることであることがわかるでしょう。

実際コの字スイングでしっかりボールをヒットできるようになると、フルスイングより3~5ヤード距離が落ちるだけで、ある程度ボールを飛ばすことができるようになります。

そのため、足場やボールのライが悪く、無理なフルスイングでは大きなミスショットが出てしまう可能性が高い場面などでは、コの字スイングが十分に力を発揮するのです。

また、８番アイアンでは届かないが7番アイアンでは大きすぎるという状況などでは、長めのクラブで力を加減するという方法よりも、７番アイアンのコの字スイングでしっかり打つ方が成功する可能性は高く、フルスイングもよくなります。

コの字スイングならインパクト時のヘッドスピードが若干落ちるので、ラフからのフライヤーを防止したり、逆風の中でバックスピンのかかりすぎによる吹き上がりを抑えることも可能になります。

以上のように、コースで上手く打てるゴルファーになるためには、スイング中の正しい顔の向きを覚えることが重要なのです。正しい顔の向きを覚えたうえで下半身主体の正しいコの字スイングを習得すれば、練習場と同じようなボールを打つことが可能となります。

第4章

右腕のスイング対策

スイング中の右腕の力みについて

この章では、「右腕の力み」について取り上げます。「アドレスの形が変わる」「顔の向きが固定される」というNGの他に、練習場とコースで大きく変わってしまうのが、右腕に力が入る度合いです。

コースで上手く打てないゴルファーは多かれ少なかれ、練習場に比べて右腕に力が入り気味になり、練習場で行っているスイングができなくなっています。その結果、練習場ではあまり出ないミスショットがコースで突然出るという悩みを持っているアマチュアの方が多いのです。

例えば、グリーンを狙う短めのアプローチショット、池越えなどの状況がまさにミスショットが出やすい状況といえます。さらに緊張感も高まる状況になると、とたんに体全体に力が入り、ミスショットになるのです。

このミスショットの原因となるのが「力み」であり、「インパクト時に右腕を伸ばしてボールを強くヒットしようとする動作」です。ただし、その間違った動作の準備はアドレスとバックスイングから始まっています。

そこで、インパクトからアドレスへと動作を逆に戻しながら、右腕の力みの発生を説明し、さらにコースでの対処法と練習場での矯正法について説明していきます。

右腕の力みは練習場だとなりを潜めてしまうものです。なぜなら練習場で打撃練習を行う場合、アプローチショットから始めることが多いからです。

始めにロフト角の大きいクラブを使って小さいスイングで何球かボールを打つ。その後、徐々に振り幅を大きくしていく。さらに、何球かフルスイングを行い、やっとロフト角の小さいクラブに変えるという人は多いでしょう。

こうした練習では、長いクラブを使ってフルスイングを行うときには右腕の力みはかなり消えているのです。

その理由はロフト角が大きいクラブでは力むことが少ないうえに、フルスイングを何球も行うことでリラックスできるからです。

また、こういった手順で練習しないゴルファーであっても、大抵は1本のクラブでボールヒットと方向性を無視したスイングでかなりの球数を打ち、その後に初めてターゲットを狙った練習に入るパターンが多いはずです。このような練習手順でも本格的に目標に対してボールを打つ頃には右腕の力みはかなり少なくなっているのです。

いっぽうで、ゴルフコースでのショットは、朝の練習場で少しのボールを打った後、コース内では約15分の間に2〜3回のフルスイングと1〜2回のアプローチショットだけしかやらせてもらえません。その他は歩いているかカートに乗っている、さらには他人のショットが終わるのを待っているという時間です。

これと同じような時間配分を練習場で再現してみると、1球ボールを打った後に歩いて近くのコンビニエンスストアに買い物に行く。帰って来てから再び1球だけ打ち、もう一度その店にもどって買い物をしてから再び1球だけ打つのと同じようなテンポになります。

このようにショット間の時間をあけてボールを打てば、たとえ練習場でも右腕に力みは発生してしまうでしょう。

さらにゴルフコースでは、それぞれの1球には明確な狙いがあって失敗するとそれなりのペナルティーが科せられるのですから、それなりの力みが生まれるのは当然です。

こう考えると、多くのゴルファーの練習場で行う練習が、いかにゴルフコースのプレーとは違っているかがわかるはずです。

それにもかかわらず、多くのゴルファーは練習場では上手く打てるのにコースでは打てないと悩んでいるのですから、問題解決のための本質を見落としているといわざるを得ません。

練習場での1球は何球も捨て球を打った後の1球であり、多くのボールを打つことで疲れます。さらにはいい加減さも出てきて、丁寧に力強く打とうという感覚がなくなっている状態のショットなのです。

そうして打てたナイスショットをゴルフコースで、この1球で再現することが難しいのはおわかりでしょう。

そこで、この章ではゴルフコースのこの1球では右腕の力みが、どのような場所にどのような形で現れるか。そして、その力みに抵抗するにはどのようなことを注意して、普段どういった方法で練習すればよいかを説明していきます。

インパクト時の力み

まず、「右腕の力み」とは何をしたいがために発生するのか詳しく説明します。右腕の力みとは、先ほど書いたように「インパクト時に右腕を伸ばしてボールを強く打ちたいという願望のために発生する」ものです。このようなボールの打ち方は、ボールに対してより強くクラブヘッドをぶつけられるイメージがあるからです。そして、このインパクトの右腕の動きは以下の2つのタイプに分けられます。

1つ目のタイプは、インパクト時に右手を甲側に折りながら手のひらでグリップエンドを押すように右腕を伸ばしながらスイングする打ち方です（図❶）。

これに対して、もう1つのタイプは同じように右腕は伸ばすが、インパクト時に甲側に折れている右手首の回内でクラブフェースをスクエアに戻そうとするスイングです（図❷）。右腕の力みは、インパクト時にこの2つのどちらかの右腕の形でボールを打ちたいがために発生すると考えてよいのですが、ダウンスイング中に発生する2つのNGターン動作との絡みによって発生するミスショットが変わってくることも覚えておきましょう。

❶ インパクトでボールを叩きたいという願望が右腕を伸ばすという形で現れる。

❷ クラブフェースを強くボールにぶつけたいという願望が、右手のひらをボールに向けるという形で現れる。

次にダウンスイング時のターン動作のNGパターンについて説明します。

1つ目のAタイプNGは、ボールを上げたいがために右肩を大きく下げて体を回転させるパターンです。この回転ではダウンスイングからフォロースルーにかけて、上体は背骨側に傾きながら回転します。そのため、最終的に背中が反った逆C型のフィニッシュ姿勢をとることになります。

2つ目のBタイプNGは、フィニッシュで右肩が前に出てしまう回転です。この回転はクラブヘッドをボールに上から強くぶつけるようにしたいという願望から発生します。

この2つの回転動作が2つの右腕の力みパターンと組み合わされてボールをヒットします。

では、タイプAのNGターン動作中に右腕の伸びが組み合わされるとどうなるのかというと インパクト時のフェースは右を向き、その結果、ボールは右に飛び出します（図❸）。この場合、右腕に力があればあるほど、その度合いは大きく、またシャフトの長いクラブほどヘッドが遅れる率も大きくなり、右に飛ぶ度合も大きくなります。ゴルフコースで隣の隣のホールまでボールを飛ばしてしまう男性は、必ずといっていいほどこの打ち方をしています。

❸

ダウンスイングで右肩を下げながら右腕を伸ばしてボールをヒットするNG動作。ボールは右にまっすぐ飛び出す。

図❸のようなクラブの振り方は、右肩の下がりが激しくなるとダフリショットも発生させます。また、このスイングでは右腕の伸びとともに体が浮き上がるのが特徴で、伸び上がりがひどい場合はボールがクラブヘッドの先端に当たり、極端に右に飛ぶトゥショットとなります。

このミスが出ると多くのゴルファーが体の回転を矯正しなければならないと考え、インパクト時に体を沈めるようにスイングしようとしますが、原因は右腕の伸びにあるのです。これに対して、右腕を伸ばしながら右手首の回内でフェースをスクエアに戻そうとするスイングの場合（図❹）、フェースは若干左下を向くためボールは一気にフックします。さらにインパクトで体の浮き上がりが強くなるとフェースの返りは一層ひどくなり、強烈に左に曲がる通称「ダックフック」になります。

また、ロフト角の小さいクラブだとフェースを左下に向ける動きがクラブヘッドのロフト角を完全に殺してしまうため、スイートスポットでボールを捕らえているにもかかわらずショットは地を這うような低いショットとなります。

このようなロフト角を立ててしまう右腕の動きを矯正していかないと、ロフト角の小さいクラブを使って高弾道の飛球を飛ばすことはできないのです。

ダウンスイングで右腕を伸ばしながら、右手のひらをボールに向けると強烈なリストターンが発生しボールは左に大きく曲がってしまう。

次にBタイプNGターン動作と右腕の力みが組み合わされた場合ですが、手首の回内をしないで右腕を伸ばしてボールを打つと、アウトサイドイン軌道に対してフェース面が開いてしまいます（図❺）。そのため打球は左に飛び出した後、右に大きく曲がるスライスショットになります。

いっぽう、右腕を伸ばしながら手首の回内でフェースをスクエアに戻そうとした場合、アウトサイドイン軌道に対してフェースがスクエアになるのでターゲットの左にまっすぐ飛ぶボールが飛び出してしまうのです（図❻）。

このスイングの仕方ではアウトサイドイン軌道が激しくなるとトップショットやクラブヘッドが地面に刺さるショット、さらにはシャンクショットが発生してしまう可能性があります。

このように、力みが生むインパクト時の右腕の使い方が、２つのタイプのNGターン動作と組み合わされるとさまざまなミスショットが発生することになります。

右肩が突っ込む回転で右腕を伸ばすとボールは左に出てから大きく右に曲がる。

右肩が突っ込む回転で右手のひらをボールに向けるとボールは左にまっすぐ飛んでいく。

振り上げ時の力み

スイングは連続動作であるためダウンスイングの力みは、クラブを振り下ろすときにのみ発生するのではなくバックスイング時からその兆候が現れます。それはインパクト時に右腕を伸ばしてボールを打ちたいという願望から、バックスイング時に右肩に力が入るという形で現れます。この「右肩に力が入る」という現象は、バックスイングでクラブシャフトを立て始めたあとに発生し、クラブを振り上げるときに右肩が盛り上がる状態を発生させてしまいます（図❼）。右肩の盛り上がりにより右肘は高く上がらなくなるため、ここでも2通りNGトップオブスイング姿勢が作られることになるのです。

1つ目のNGですが、トップオブスイング時の右肘を大きく曲げてしまう形です。このNGではトップオブスイングのクラブシャフトが大きく背中側に傾きます（図❽）。

このNGのトップオブスイングからのダウンスイングは、曲げた右肘を伸ばさなければクラブヘッドはボールに到達しません。つまりこのNGは、ダウンスイングで、右肘の伸び曲げ動作によってクラブヘッドを加速しようとしている結果なのです。

❼

バックスイングで右肩に力が入ってしまうと、右腕が上がらずクラブの振り上げがスムーズにできない。

❽

右肘が後方を向いて高く上がったトップオブスイングは、右腕でボールを叩きやすくなるNG。

この右肘を曲げる動作は大きくなればなるほど、インパクト時にクラブヘッドをアドレスの位置に戻すことが難しくなります。それと同時にインパクト時に右腕が大きく伸びるため体も反動で伸び上がってしまうので、正確なボールヒットが難しくなってしまうのです。

そして、このダウンスイングを行うゴルファーは必ずタイプAのターン動作を行います。その理由は、タイプBのターン動作を行った場合、クラブヘッドをボールに当てることはほとんど不可能になるからです。むしろ、このNGトップオブスイングを作ってしまうゴルファーは、間違ったトップオブスイングをそのままにしてボールを打っていたので、必然的にタイプAのターン動作を習得してしまったということでもあります。

これに対して、もう1つのNGトップオブスイングは、バックスイング時の右肘が高く上がらない形、もしくは右肘が大きく背中側を向いている形です（図❾）。

このトップオブスイングからのダウンスイングは、右肘を外に向け右腕のクラブを上から押さえつけるような力で振り下ろさないと強い力が発揮できません。そのため、アドレスからトップオブスイングまで右肘は外側を向いていることになりますが、この動きも結局はインパクト時に右腕を伸ばしてボールを強く叩きたいという願望が原因です。

オーバースイングを気にするあまり、クラブが上がらなくなったトップオブスイング。

このＮＧダウンスイング動作では、スイング軌道はアウトサイドイン軌道になってしまいますが、右腕の力が強いゴルファーならばトップオブスイングが低くてもある程度はボールを飛ばすことはできるのです。

しかし、インパクト時に右肩ごとボールにぶつかっていくような動きで右腕を伸ばすので、ボールをヒットできたとしてもどこに飛ぶかわからないショットになる確率が高いといえます。

また、右腕の力が衰えてくると飛距離は極端に落ちることも十分に考えられます。

そして、このＮＧダウンスイングを行うゴルファーは必ずタイプＢのターン動作を行うことになります。

仮に、Ａタイプのターン動作を行うとしたら、クラブヘッドをボールに当てることが不可能になってしまいます。

この場合も、とりあえず打ちやすいということで、ＮＧトップオブスイングをそのままにしてボールを打っていたので、必然的にタイプＢのターン動作を習得してしまったと考えられます。

右腕の力みが発生する原因2パターン

❶インパクト時に右手を甲側に折りながら、手のひらでグリップエンドを押すように右腕を伸ばしながらスイングする打ち方。

❷右腕を伸ばすが、インパクト時に甲側に折れている右手首の回内でクラブフェースをスクエアに戻そうとする打ち方。

ダウンスイング時のターン動作の2つのNG

Ⓐボールを上げたいがために右肩を大きく下げて体を回転させる。

Ⓑクラブヘッドをボールに上から強くぶつけるようにしたいという願望から発生するフィニッシュで右肩が前に出てしまう回転。

右腕の力みとNGターン動作が組み合わさった結果

右腕の力み❶＋タイプⒶのNGターン	右腕の力み❶＋タイプⒷのNGターン
ボールは右に飛ぶプッシュボールになる。	ボールは左に飛び出し、右に大きく曲がるスライスボールになる。
右腕の力み❷＋タイプⒶのNGターン	**右腕の力み❷＋タイプⒷのNGターン**
打球は左に飛び出した後、左に大きく曲がるフックショットになる。	ボールは左へ真っすぐ飛ぶプルボールになる。

アドレス時の力み 上半身

アドレスとは、その後に行うスイングの準備です。そのため、右腕に力みが見られるスイングを行うプレイヤーには、準備段階であるアドレスですでに力みが見られる場所があります。

そこでスイングでの力みを抑えるためのアドレスについて説明していきますが、アドレスとその後のスイングの関連を考えながら習得していくと効果的です。

アドレスでの力みの兆候は、上半身の右サイドとスタンス幅に出ます。

まず、上半身ですが、右サイドが力んでくると、右グリップは上からクラブを押えつけるようにかぶせて握るようになります。このようなグリップでクラブを握ると、アドレス時の右肘は外側を向きやすく、ひどい場合は右肩が前に出る構えに変わってしまうのです（図⑩）。

このような構えからのバックスイングでは、右肘は大きく外側を向くトップオブスイングを作りやすいのです（図⑪）。

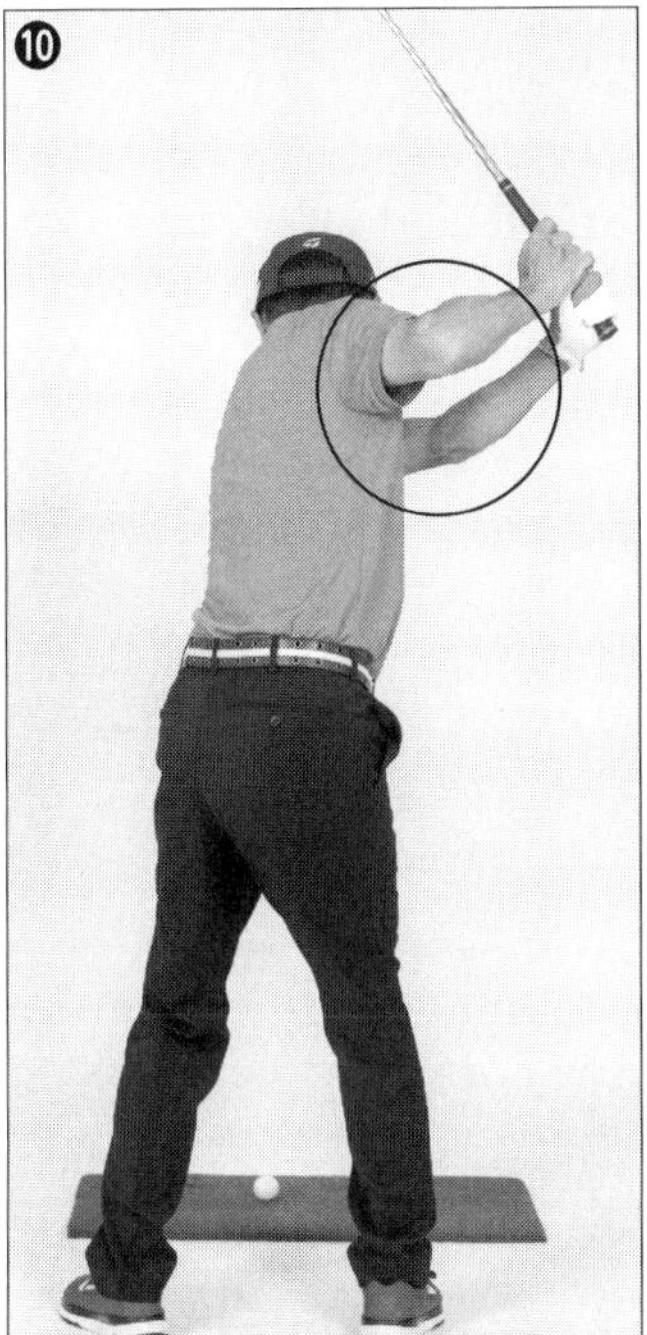

右肘が後方を向くトップオブスイング。ここから右腕でクラブをボールにぶつけにいく。

右腕でボールを叩こうとするアドレスでは、右肘が飛球線後方を向き、右肩が前に出ている。

アドレス時の力み スタンス

スタンス幅に関しては、右腕の力みが発生するにしたがってスタンス幅は広がっていきます。その理由は、スタンス幅を広げることによって体を左右に動かしやすくして、体の右サイドでボールを強く打とうとするからです（図⓬）。

体の左右の動きは体の回転を阻害するため、ますます右腕でボールを強くヒットしようという動作が始まります。そして、右サイドがボールを打ち出すと、体はさらに回転しなくなるという悪循環が発生してしまうのです。

このようなアドレスから行われるスイングで発生する右腕の力みも、練習場で何球もボールを打っているうちに、次の1球に対する思い入れが少なくなり消えてしまうので気がつきにくいものです。

しかし、コースのこの1球でナイスショットを打つためには、初めから力みの少ないスイングをしている必要があります。そこで、ここからはコースでの力み対策を紹介していきます。

⓬

肩幅よりはるかに広いスタンス幅は、上体が力んでいるゴルファーの特徴といえる。この状態からの下半身主体の回転は一般のゴルファーでは難しい。

コースでの力み対策①

ここでは、ゴルフコースで行える右腕の力み対策について説明します。まず、アドレスの力みですが、右グリップと右肘の向きをチェックしてください。右グリップでは中指と薬指の爪が正面から見えるグリップが正解です（図⑬）。

そして、右肘は内側に向けることで、右肩が前に出ないアドレスが作れるのです。その上で、右肘を軽く内側に絞ったままバックスイングを行います。アドレス時の右肘の向きを変えないように右肘を絞ることは、ダウンスイングでの右肩に力を入れないことにつながるのでぜひやってください。

次にスタンス幅に関してですが右足をつま先立ちにして膝を前に送ったときに左右の膝が横並びになれるスタンス幅を自分のベストな幅とし設定します（図⑭・⑮）。このような具体的なスタンス幅チェックはいつでも自分で確認できるうえに、「右膝が左膝の内側に入ってしまい腰が回転できない状態」と「左膝が目標方向に流れてしまい右膝が届かない状態」という2つのNGターン動作の防止にもつながります（図⑯）。

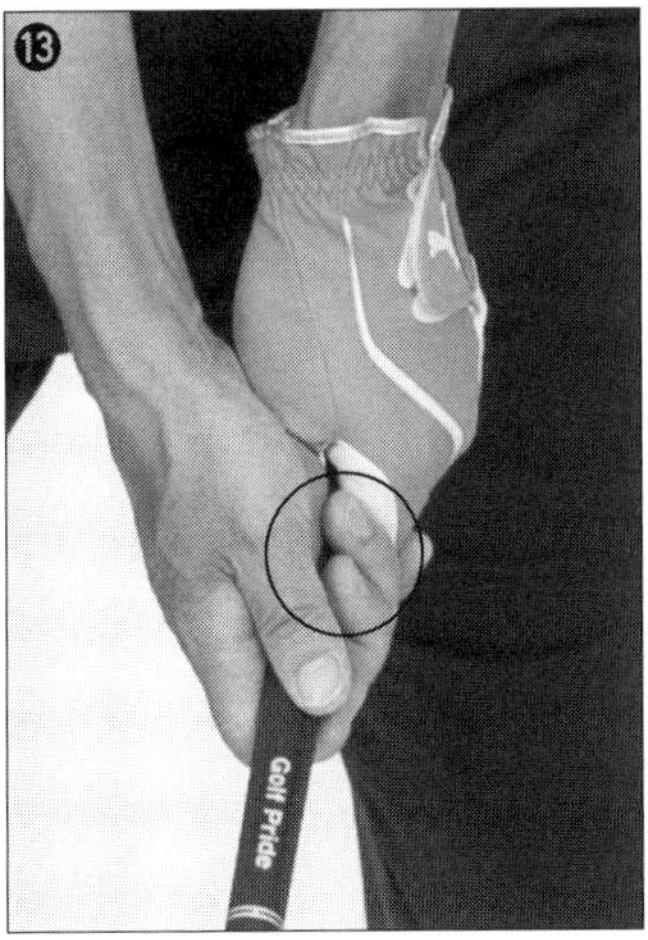

⑬ 正しいグリップでは右手の中指と薬指の爪が正面から見える。

⑭ フィニッシュで左右の膝が横に並ぶと、腰はスムーズに回転する。

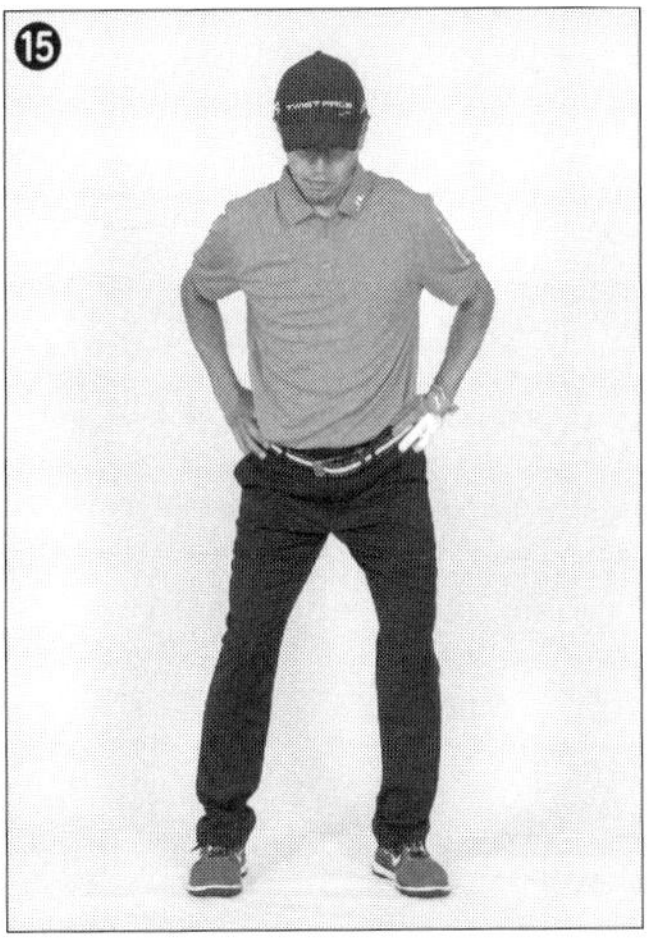

⑮ 右膝が左膝と横並びになる姿勢から逆算したスタンス幅をチェックする。

⑯ 自分ではかなり狭いスタンスだと感じても、写真を撮ってみるとそれほど狭くはないはずだ。

スタンスの幅が広くなってしまうと、体は回転しにくくなり、それにともない体は横揺れしやすくなります。横揺れが大きくなればなるほど、回転とは異なる別の力でクラブを振らなければならなくなるため、体の右サイド、特に上半身の右肩に力みが見られるようになるのです。

アドレス時の右グリップと右肘、そして、スタンス幅をチェックしたらトップオブスイング時の右肩に力が入ることを防ぐ素振りをしてみましょう。

この素振りとは、トップオブスイングでクラブシャフトを肩に担いで止まる、バックスイングのみの素振りです。

ここで重要なポイントは、トップオブスイングでクラブシャフトを肩に担ぐ際に、「左グリップは緩めない」「右肘は下げない」の2点です（図⑰）。

この2点を守りながらトップオブスイング時に右肩の上にクラブシャフトが乗せられたら、右肩には力が入っていないと判断してOKです。

この姿勢が作れたら、そこから右肘の曲げ角度を通常のトップオブスイング用に適度な角度に戻します。これで右肩に力みのない理想のトップオブスイングが確認できます。

⑰

クラブを右肩に担ぐことができれば、右肩と右腕には力みが発生してない証拠。素振りのときにやってみるとよい。

コースでの力み対策②

バックスイングで右肩の筋肉（僧帽筋）に力が入ってしまうと、右肘を絞る筋肉である大胸筋の外側の筋肉には力が入りません。そうなるとトップオブスイング時の右肘は外側を向き、肘は高く上げられなくなります。

正しいバックスイングを行うためには、アドレスから右肘を絞り続けることによって右肩の筋肉に力が入るのを防ぐことが重要となります。その準備段階として、クラブシャフトを担ぐ素振りで、肩の力を抜いたら3段階のバックスイングで右肩に力が入らないクラブの振り上げ方を確認してください。

やり方はバックスイングでクラブシャフトが時計の8時を指すポジション（図⑱）、左腕とクラブシャフトがアルファベットの「L」の字を形成するポジション（図⑲）、右腕とクラブシャフトが「コ」の字を形成するポジションでそれぞれ止まります（図⑳）。それぞれの場所でのチェックポイントは、160ページに記載してあります。

腕と手首を固定し体を45度バックスイング方向へ回転させる。正面からみるとクラブヘッドが8時を指すポジション。

8時のポジションからさらに体を45度回転させながらコック動作を行う左腕とシャフトがL字になるポジション。

L字のポジションから体を回転させず、腕を上げるだけのコの字ポジション。

コースでの力み対策 チェックポイント

① 8時のポジションでクラブヘッドの位置をチェックする

この位置はアドレスから腕を動かさずに体を右方向に45度回転させた位置です。しかし、この時点で右腕に力みが見られると、右腕がクラブを動かすため体の回転でクラブを動かす円軌道より外側に動いてしまいます（図㉑）。正しいバックスイングは体の回転のみの動きでクラブヘッドが円軌道上を動いていきます。

② L字のポジションで右肘と体の距離をチェックする

この位置は、①の動作でバックスイング方向へ45度回転した体をさらに90度まで回転させ、その間に手首の縦方向の動きであるコック動作を加えてクラブシャフトを立てます。これによって正面から見ると左腕とクラブシャフトがL字型を作る姿勢ができます。コック動作は右手首中心の動きであるうえに、この時点では左腕が完全に伸びているため、右肘と体の間にはある程度の距離ができます（図㉒）。しかし、この段階で右肩に力みが見られると、手首の動きに合わせて右腕がクラブを体に引きつけてしまい、右上腕は体に密着してしまうのです。この位置からでは右腕を使わないとクラブを振り下ろすことができなくなってしまいます（図㉓）。

③コの字のポジションで右肘の高さをチェックする

この位置は、②のポジションから右肘を上げた位置ですが、②の時点で体の回転が完成しているのでこの段階では体はまったく動きません。

つまり、②のポジションから右肘を上げ、クラブシャフトを水平に近い状態にするだけということです。しかし、この段階で右腕に力みが見られると右肩が盛り上がり、右肘は高く上がらないか背中側にずれてしまいます（図㉔）。

これらの3段階のバックスイング練習を静止せずに一連の動作として行うと、②と③の形はクラブヘッドの勢いに引っ張られて、シャフトが若干倒れた形になります。しかし、その形はあくまでもゴルファー本人が作る形ではないので注意してください。

さらに、クラブヘッドの動く速度はゴルファーごとに異なるので、この局面のクラブシャフトの傾きはゴルファーごとに違います。そこで、各段階までに各自がどのような動きでクラブを動かすのかを確認しながら、右腕、右肩に不必要な力が入っていないかを確認してください。

バックスイング始動時に右腕に力みがあると、
体は回転しにくくなりクラブは外側に上がる。

正しいL字ポジションでは、右肘と体の間にスペースが作られる。

右腕に力みがあると右肘は体に密着してしまい、左腕主体のダウンスイングができなくなってしまう。

L字ポジションからのクラブの振り上げで右肩に力みがあると、右肘が上げにくくなりクラブが十分に振り上げられない。

ここまで説明してきた「担ぎ素振り」と「3段階テークバック」を、コースラウンド中、自分が打つ番を待つ間に行うことで、右肩の力みは抑えられショットは安定するはずです。2つの振り上げ動作の確認で、右腕ではクラブが下ろしづらいトップオブスイングが作れるようにしてください。

正しいトップオブスイングは、右腕ではクラブを振り下ろしにくい姿勢であり、ダウンスイング時の右腕は力を入れようとしなくなります。これに対して、右腕を使わなければボールが打てないトップオブスイングの場合、右腕の力を抜いてしまったらボールが打てなくなってしまうので、ゴルファーは絶対に右腕の力を緩めようとしないのです。

スイング中の右肩の力みを取り除くには、右腕でクラブを下ろしにくいトップオブスイングを作ることが必要なのです。

正しいトップオブスイングから左腕でダウンスイングを行うと、右肘はトップオブスイングと同じ曲がったままの状態で下りて来ます。そのとき、左腕はダウンスイングで付け根の部分が左胸に当たりその勢いで完全に伸びます。その後、左腕の付け根が左胸に当たった勢いでクラブヘッドは落下することになるので、右肘はその勢いで自然に伸びていきます。

この落下してくるクラブヘッドは左足中心の回転によって、ボールのある位置まで運ばれるのでボールをヒットすることができるのです。この流れのダウンスイングでは右腕をまったく使わないでボールが打てるようになるのです。この動きの組み合わせと順番は非常に大切なポイントなので、ぜひ覚えておいてください。

ここまでに説明したダウンスイングを習得すれば、フェースローテーションしにくい左腕の振り下ろしと、ボールより目標側にある左足中心の回転の組み合わせでボールをヒットするので、ダフらずに曲がらないショットが打てるようになります。

第5章

コースで上手く打つ対策

正しい練習方法と目標設定

　ここまでの説明で、いかにゴルフコースでナイスショットを打つことが、練習場で打つナイスショットに比べて難しいか理解していただけたと思います。逆にゴルフコースでも数多くのボールを用意し、それらを同じ場所から同じクラブで何球も打ち、その中からベストショットだけを選んでプレーできるとしたら、ナイスショットの確率も練習場でのそれに近いものとなるでしょう。そして同時に、「練習場では上手く打てるのにコースで上手く打てないと悩むゴルファー」の数は激減するでしょう。

　しかし、実際のゴルフコースでのプレーを、練習場のように行うことにはさまざまな条件の違いがあり不可能です。そうなると、練習場での練習をゴルフコースでのプレーに近づける必要が生まれます。そして、そのためには練習の仕方、習得目標となる技術、習得目標とするショットの質を吟味して明確にする作業が必要となります。

　そこで、この章では、よりコースで上手く打つための正しい練習方法と、目標の設定についいて説明していきます。

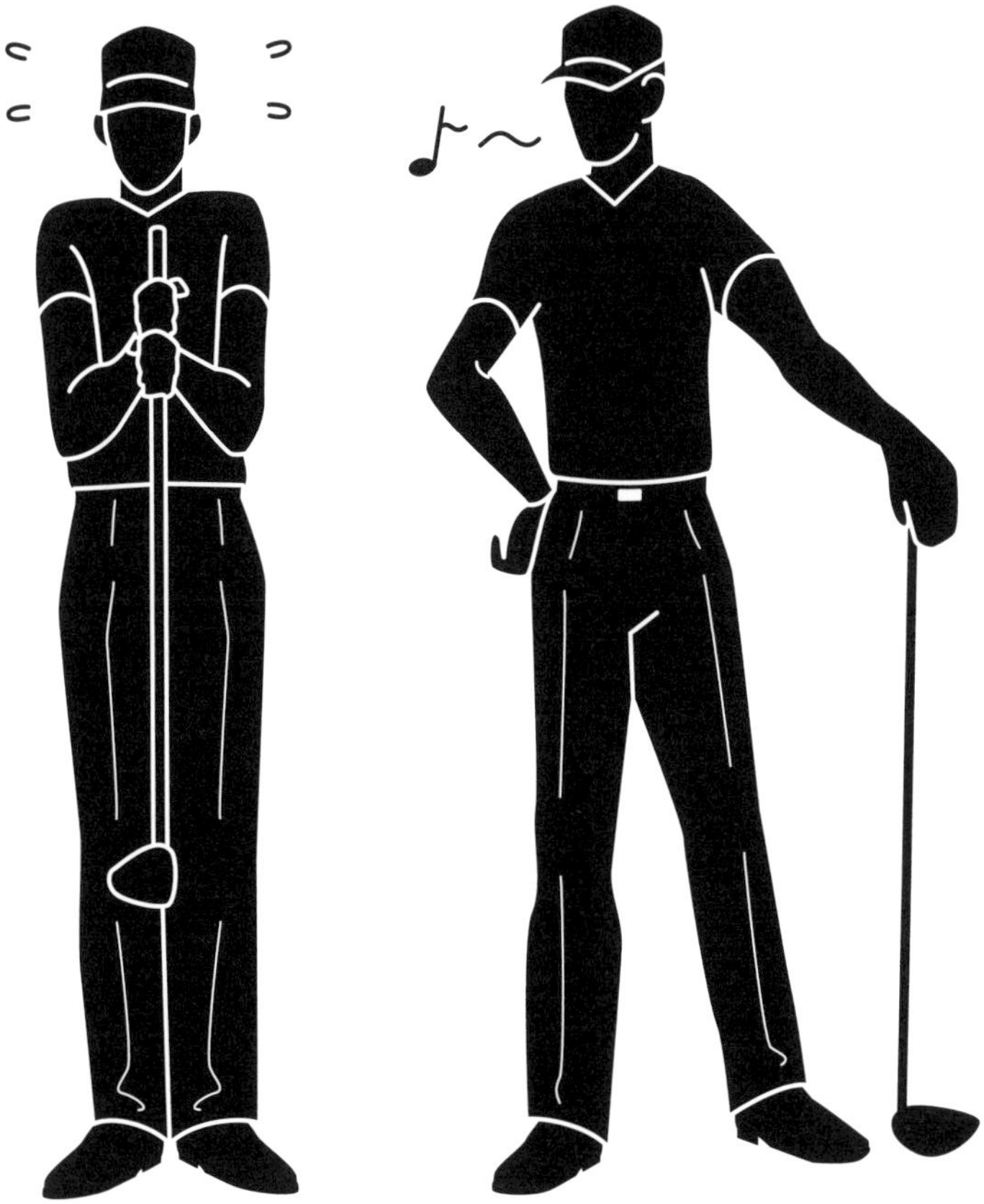

コースでのミスショットは緊張感でもなければ、練習場の滑るマットが原因ではないことを理解する必要がある。もっと根本的な部分である「正しい練習方法」を実践するかどうかが重要となる。

普段の練習での力み対策

ゴルフコースでは同じ場所から同じクラブで何球も打つことはできません。そのため練習場で同じクラブでただひたすら球を打つだけでは、なかなかコースでのナイスショット確率を増やすことが難しいのも確かです。

そこで必要となるのが、コースラウンドでのナイスショットを増やすために、普段の練習の仕方を変えることです。そこでここからはコースラウンドを睨んだ練習方法を説明します。

①20球の打球練習の後すぐにドライバーを打つ

コースでスタート前に練習する場合、球数は二十数球前後になる場合が多いはずです。そこで練習場でも、同じ20球の中でアプローチ、アイアンショットを終わらせてドライバーを打つ練習をしてください。

また、いきなりドライバーショットを打つという練習でも問題ありませんが、この場合は十分なストレッチ体操で体をほぐしてから行ってください。

もしコースでスタート前に練習するのであれば、球数は二十数球になるので、20球の中でアプローチ、アイアンショットを終わらせてドライバーを打つ練習をするのが効果的。

②セットアップルーチンを入れて練習する

1球ごとにボールの後ろに立ってセットアップルーチンを行って、ボールを打つ練習をします（第2章参照）。この練習でナイスショットが打てるようになれば、コースでもボールの後ろに立ち、セットアップルーチンを行うという手順が同じになるため、練習場と同じ結果を再現できる可能性は高まります。ただし、この練習は連続でボールを打つ練習に比べ圧倒的に難しいので、根気よく繰り返し行ってください。

③1球ごとにクラブを変えて打つ

コースで同じクラブを続けて打つことは稀です。そこで、練習場でも1球打つごとにクラブを変えて打つ練習をします。クラブを変えるときに1回素振りを入れるとよりコースラウンドに近い感じの練習ができます。さらに次に紹介するように、最後にアプローチショットを入れると、より実戦に近い形になるので効果的です。2パターンほど例を示しますが、何パターンもの組み合わせが作れるので各ゴルファーがラウンドするコースに合わせて自分のパターンを作ってください。

●ドライバー⬇5番アイアンもしくはユーティリティ⬇50ヤードのアプローチ
●ドライバー⬇フェアウェイウッド⬇7番アイアン⬇30ヤードのアプローチ

④左右の目標を狙う

練習場で左右の目標を狙う練習を行います。ただし、極端な斜め打ちは危険なので、打席正面からわずかに左右にずれた目標に向かってショットを打ちます。この練習は打席や人工芝マットの四角形が狙う方向を邪魔するため、初めのうちはナイスショットを打つのは難しいでしょう。

しかし、この練習である程度、狙った場所に向かってナイスショットが打てるようになればコースでのナイスショットは必然的に増えるでしょう。

⑤1球打つごとに座る

すでに説明したように、ゴルフコースでは、連続してショットを打つことはありません。ショットとショットの間に移動、もしくはウェイティングが入るからです。そこで、練習場でもボールを続けて打たず、1球打ったら一度座り、その後立って再び打つという練習を行います。この練習も初めはショット間の時間が空くことで力みが発生してナイスショットを打つのは難しいでしょう。しかし、上手く打てるようになるにしたがって「力んでもしょうがない、自分のやることは自分のスイングをするだけ」という開き直りの気持ちがつかめるようになります。

ここで説明したような練習を行ってみると、ひたすらボールを打つだけの練習より、コースラウンドに近い形でショットが打てるため、コースでのナイスショットの確率は高まり、スコアもよくなるのです。

ただし、練習場であれこれ試す前にショットに必要な体の動かし方を習得することや、体の動きを修正してスイングをレベルアップさせること、さらにアプローチ技術を磨くことは絶対に必要なことです。そのためには、続けてボールを打つことも効果的なので、練習内容のバランスを考えることが重要となります。

そこで通常の練習法を「スイングおよびアプローチ作り練習」と「コース用ショット練習」に分けて行うことをおすすめします。

これによって、ただ何となくボールを打っているだけの練習が、より充実した楽しいものに変わることは間違いありません。

読者のみなさんに下記のWEBサイトを紹介します。「体の部位」「ミスショット」「習得したい効果」「コース状況」ごとに300種類の動画を見ることができます。本書でも解説しているさまざまなドリルも含め、実際の動きを動画でチェックできますので、ぜひ活用してください。

https://cp-golfschool.com/

コンバインドプレーンゴルフスクール　検索

コース内のさまざまな状況への対応

ゴルフコースでは練習場とは違った状況からのショットが要求されます。そのため練習場の平らな足場と人工マットの上からナイスショットが打てても、そのつど変化するコースの状況に対応できないと、ナイスショットはもちろん、よいスコアにもつながりません。

しかし、練習場でコース状況を再現するような練習方法はあまり聞いたことがないはずです。そこでこれから、コース内のいろいろな状況からのショットのイメージがつかめる練習方法を紹介していきます。

ゴルフコースと練習場でもっとも代表的な違いは、傾斜地からのショットを打つことです。そこで練習場でできる、斜面からのショット感覚をつかむ練習方法を紹介します。

ただし、ここで練習する斜面は、ある程度クラブが振れる傾斜であり、それ以上の急斜面は、出すだけの斜面と考えてください。なぜなら、急斜面からフルスイングしてナイスショットしようとすると大きなミスにつながり大叩きしてしまうというだけでなく、たとえその斜面からナイスショットが打てたとしても、急斜面でクラブを振り回すことが、次に行う平地からのショットのスイングに悪影響を与えてしまうからです。

ラウンドの途中まで調子がよかったのに斜面から何度もスイングをした結果、スイングの仕方がわからなくなり、次のホールからめちゃくちゃになってしまった、という話はよくあります。一般のアマチュアゴルファーのスイングは壊れやすく、コース内で一度壊れたら、再び元に戻すのは難しいのです。だからこそ、できるだけ普段練習で行っているスイングを壊さないようにプレーすることを心がけてください。

では、ある程度クラブが振れるとはどの程度なのでしょうか。図❶・図❷はフィニッシュ姿勢を後から写したものです。

この写真の右側はフルスイングですが、図❷は左腕とクラブシャフトがカタカナの「コ」の字を形成している形でスイングが終わっています。フィニッシュをこの形で終えるスイングができるなら「ある程度スイングができる斜面」と判断してください。

さらに、このスイングで右足の踵を上げない「ベタ足スイング」ができれば、傾斜が強くなっても対応できます（図❸）。練習場でのスイング練習にぜひ「コの字スイング」と「ベタ足コの字スイング」も取り入れてください。

コの字スイングに肘のたたみ動作と、マックスの80％までの体の回転を加えたフルスイングのフィニッシュ。

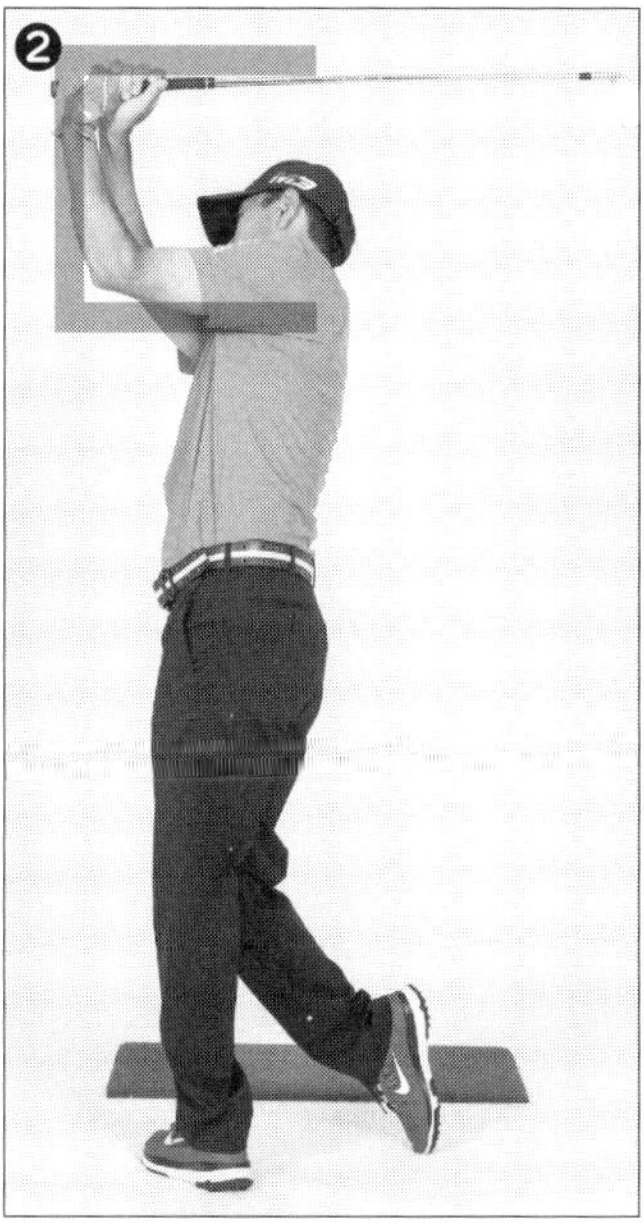

体が目標に正対するまで回転し、その間に左腕とクラブシャフトがコの字を作る、コの字スイングのフィニッシュ。

❸

フィニッシュ時に右踵を上げないベタ足スイング。重心が右に残りすぎないように注意。

つま先上がり斜面

「つま先上がり斜面」からのショットを上手く打つための練習を解説します。つま先上がり斜面は、ボールが通常のショットより高い位置にあるので、前傾角度を起こしてフラットにスイングすべきと思われがちですが、実は違うのです（図❹・❺・❻）。

このようなスイングをしてしまうと、次に平地からクラブを振るときにどう振っていいのかわからなくなるという弊害も起きます。そこで、通常のスイングをできるだけ変えないでボールを打つために、クラブを短く持って構えてください（図❼）。

この斜面からのショットで重要なのは上体の前傾角度を変えないことです。こうすることによってある程度のクラブが振れるつま先上がり斜面は通常スイングで対処できるのです。

逆に傾斜がきつく、グリップラバーがないところ（シャフト部分）を握らなければならないような斜面は「出すだけ斜面」と考えて、無理にスイングするよりも、打てる場所にボールを戻すだけの状況だと判断してください。

❹ つま先上がりでは上体を起こして構えたくなるが、これは間違い。

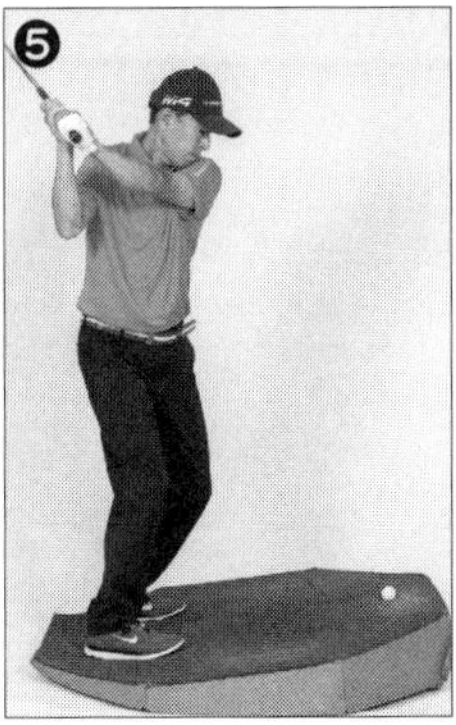

❺ 振り上げをフラットに低くするのも間違い。

❻ フラットスイングを行なうと、その後の平地でのショットに迷いが生じる。

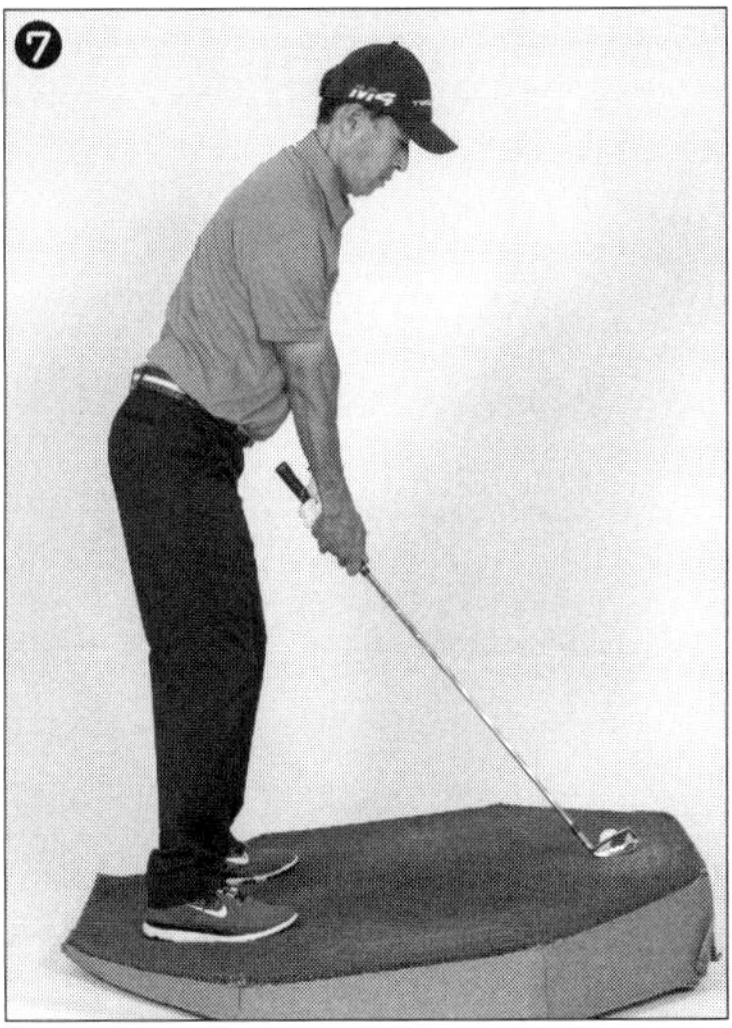

❼ ボールの位置が高くなった分だけクラブを短く持つ。これにより上体の前傾角度を変えることなくスイングできる。前傾角度はゴルフスイングにおいてもっとも重要な項目のひとつ。

斜面からのショットの感覚を練習でつかむには、クラブを短く持って高くティーアップしたボールを打つのが効果的です（図❽）。つま先上がり斜面でもっとも多いミスショットの原因はダウンスイング時に上体が突っ込むケースです。こうなるとクラブヘッドがボールの下にもぐり込み、ボールは右方向に少しだけ飛ぶというショットになります。ですので、このミスショットを続けると、ボールはどんどん斜面の上方へといってしまいます。その結果、ショットするたびに、傾斜地を登るはめになってしまうのです。

つま先上がりの斜面からのショットは、ボールが左に飛び出すので右を狙わなければならないと考えている人は多いはずです。このイメージが、ミスショットが続き、斜面を登ってしまう理由と考えられますが、実はこの斜面からのショットが左方向に飛び出すのはロフト角の大きい短いクラブだけなのです。言い換えればロフト角が小さく長いクラブは左には飛ばないのです。

その理由は図❾・❿のように、ロフト角のあるクラブをつま先上がり斜面で構えた場合、ロフトによる弾道の高さが左方向を向くためです。ロフト角の小さいクラブではボールは左には飛び出さないということを覚えておいてください。

つま先上がり斜面からのショットは、ボールを高くティーアップし、クラブを短く持って打つことで練習できる。

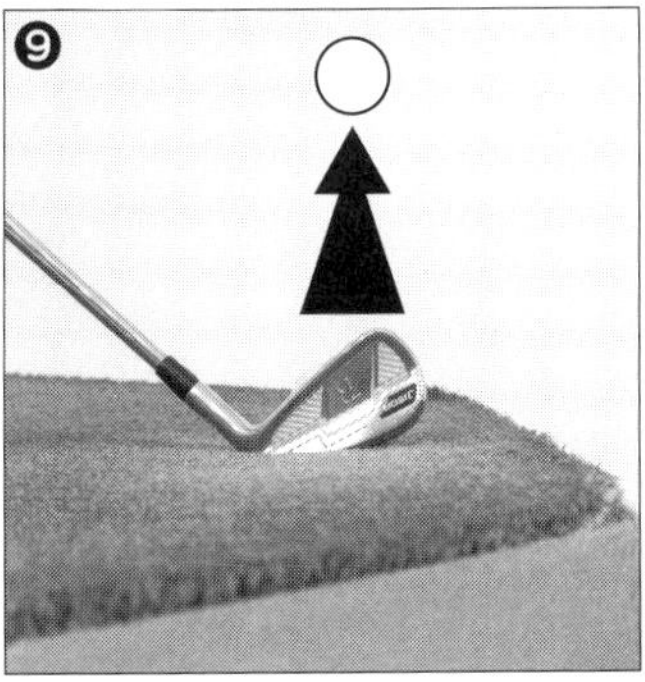

平地ではロフト角の大きいクラブのほうがボールは高く舞い上がる。

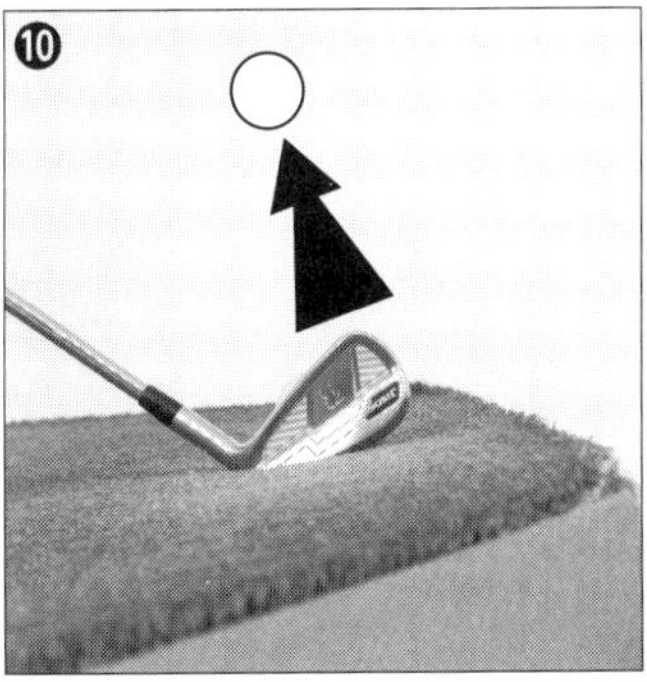

つま先上がりの斜面では、ロフト角が大きいクラブほどボールは左へ飛び出す。

つま先下がり斜面

つま先下がり斜面では前傾角度を深くして、アップライトにスイングするという解説がありますが、これも正しい答えとはいえません（図⓫・⓬・⓭）。

つま先下がり傾斜もつま先上がり斜面と同様に、上体の前傾角度を変えないでスイングすることが重要です。

そこで、つま先下がり斜面ではアドレス姿勢の膝の曲げ角度を大きくする方法をとります。ちょうどカウンターの椅子に腰かける体勢をイメージしてください（図⓮）。

アドレス時に膝を深めに曲げているので、スイング中にアドレス時の膝の角度が伸びてしまうとトップショットが発生してしまいます。また、膝の曲げ角度が大きくスイングできないような傾斜は「出すだけ斜面」と考えましょう。

この斜面からのショット感覚を練習でつかむには、クラブを短く持ち、短く持った分だけ膝を曲げてアドレスし（図⓯）、膝の角度を変えずにスイングします。この練習ではクラブを持つ長さを調節することでさまざまな斜度からのショットが練習できます。

つま先下がりの斜面は上体の前傾角度を深くして構えたくなるがこれはNG。

平地でのスイングよりアップライトに振り上げるのもNG。

アップライトに振り抜くスイングをやってしまうと、平地でのショットを元に戻すのが難しくなってしまう。

カウンターの椅子にお尻を乗せるように軽く膝を曲げる。

クラブを短く持って腰を下げてボールを打つのは、つま先下がりの斜面の練習になる。

左足上がり斜面

左足上がり斜面は、アドレス時に斜面に逆らって平地と同じ肩のラインで立つ、斜面なりに肩のラインを傾けて立つ、という2通りの解説がありますが、本書では「斜面なりに立ってスイングする」を推奨します（図⓰・⓱）。

その理由は、斜面に逆らって立ってスイングする場合、スイング軌道の調整が必要になるからです。左足上がり斜面はフォロースルー側の地面が上がっています。そのため、斜面に逆らって立つ場合は、フォロースルーを通常のスイング軌道よりもアウトサイド気味に振り抜かなければなりません。

しかし、スイングは連続動作であるため、ダウンスイングだけそのままという訳にはいかず、結局スイング軌道全体をインサイドアウト軌道に変えることになってしまいます（図⓲・⓳）。この調整は、本書が何度も述べているように、アマチュアゴルファーには難しく、元に戻れない中途半端なスイングになりやすいのでおすすめできません。さらに日頃の、安定したスイング軌道を目指した練習が無意味になってしまうのです。

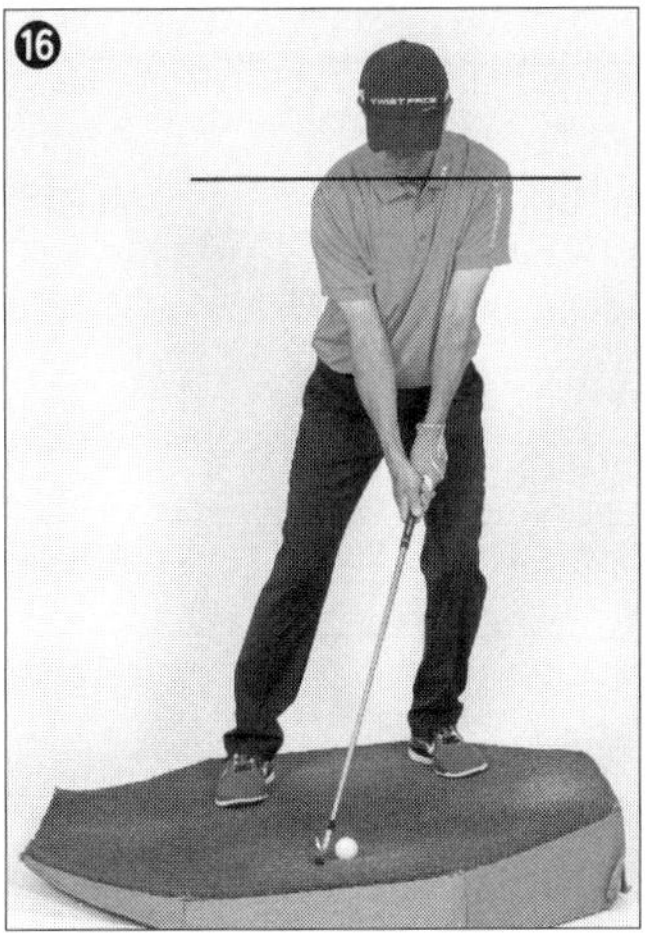

膝の曲げ角度の調整で、両肩を平地と同じ状態にして構えるアドレス。

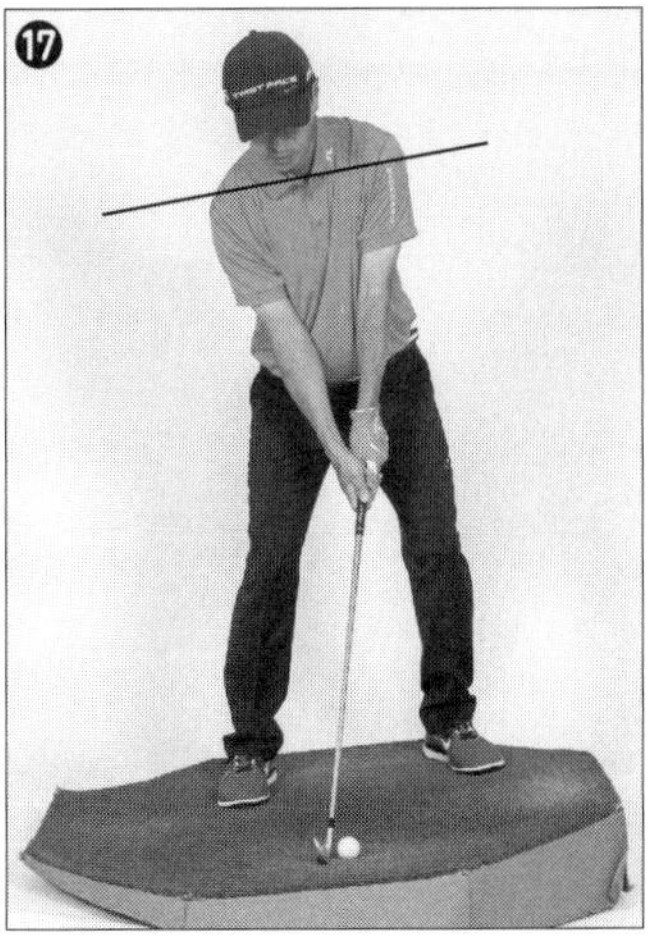

本書で推奨する、地面と平行に両肩のラインを揃えるアドレス。

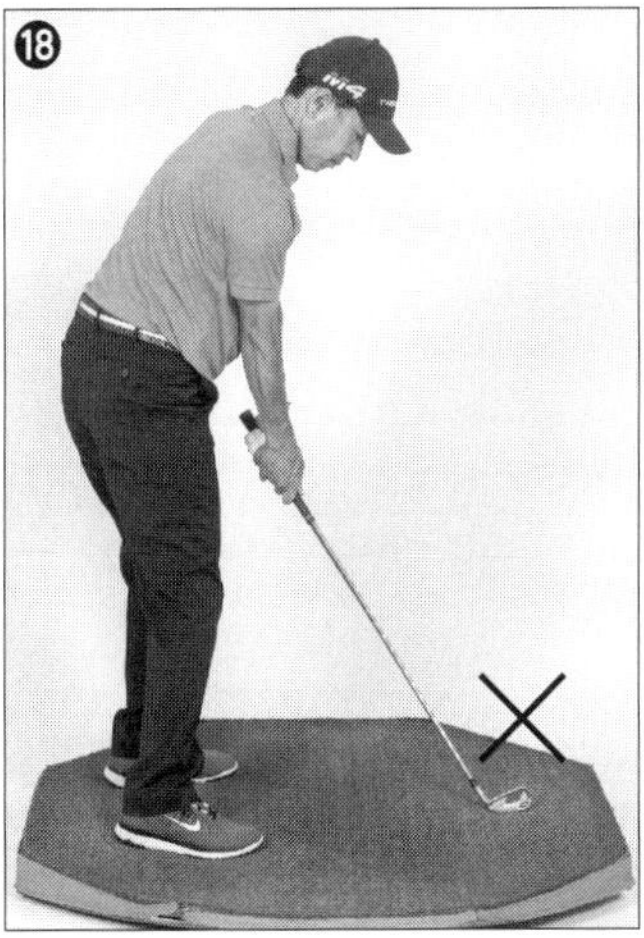

フォロースルー側の地面が高いため、上図⑯のアドレスではクラブをインサイドに振り抜くことが難しい。

上図⑯のアドレスからのスイングはスイング軌道全体をインサイドアウトに変える必要がある。

そこで前ページの図⑰のように斜面と両肩のラインの関係が平地と同じになるように構え、傾いた軸で回転してフィニッシュします。

バランスが悪ければフォロースルーをコの字位置までで止め、それでもまだバランスが悪ければ、踵を上げないコの字までのスイングを行いましょう。

また、このスイングは右足軸の回転になりやすく、ボールが左方向に飛び出しやすいので注意が必要です。できればアドレス時にボールを若干右足寄りにセットしてください。このほうが、よい結果につながりやすいはずです。

この振り方を練習場で確認するには、クラブを短く持ってティーアップされたボールを打ちます。アドレス時に右膝を左膝より大きく曲げ、肩のラインを傾けて構え、その軸で回転してください（図⑳）。

この練習でも膝の曲げ具合を変えれば、さまざまな斜度が練習できます。また、大きく肩を傾ければ、フィニッシュでは右足踵が上がらないスイングになります。

⓴

クラブを短く持ってティーアップしたボールを打つ。そのとき、通常より肩を右に傾けた構えから打てば、左足上がり斜面でのスイング感覚を養える。

左足下がり斜面

左足下がりの斜面も、本書では傾斜に対して逆らわず立つことを推奨します（図㉑・図㉒）。この斜面はバックスイング側の地面が上がっているので、斜面に逆らって立つとバックスイングは通常よりもアウトサイド気味に振り上げなければなりません（図㉓・図㉔）。アマチュアプレーヤーにはこの調整は難しいので、アドレス姿勢で対処します。

まず斜面と両肩のラインの関係が平地と同じになるように構え（図㉒）、傾いた軸で回転してフィニッシュします。バランスが悪ければフォロースルーをコの字位置までとします。この斜面では右足の踵を上げないスイングを行うメリットはありません。また、ダウンスイング以降に左足軸で回転することが難しいので、左足上がり斜面と同様に、アドレス時にボールを若干右足寄りにセットするほうがよいでしょう。

この振り方を練習場で確認するには、クラブを短く持ってティーアップされたボールを打ちますが、アドレス時に左膝を右膝より大きく曲げて肩のラインを傾けて構えその軸で回転します（図㉕）。膝の曲げ具合を変えれば、さまざまな斜度が練習できます。

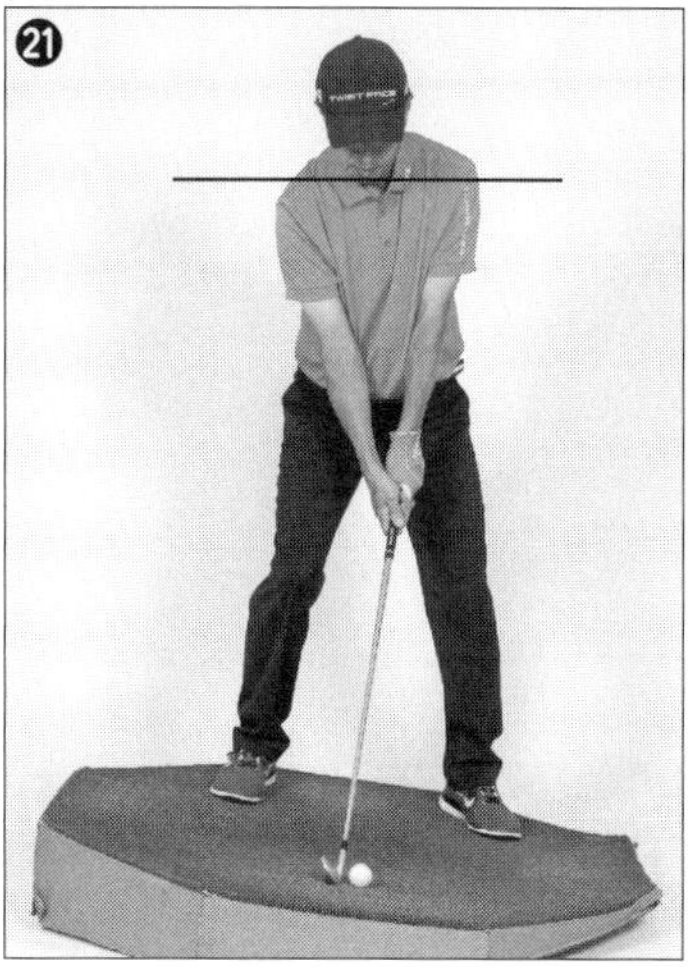

膝の曲げ角度調整で両肩を平地と同じ状態にして構えるアドレス。

地面と両肩の関係を平地のアドレスと同じにして構えるアドレス。

バックスイング側の地面が高いため、体を傾けないアドレスではクラブをインサイドに振り上げることが難しい。

斜面に逆らって立つアドレスはスイング軌道全体をアウトサイドインに変える必要がある。

クラブを短く持ってティーアップしたボールを通常より肩を左に傾けた構えから打つ練習で左足下がり斜面でのスイング感覚を養う。

バンカーショット

バンカーショットは、実際にゴルフコースで行うか、バンカー設備がある場所でないと練習できないと思われがちですが、そんなことはありません。もちろんプロが帯同するラウンドレッスンやバンカー設備に出向けばよいのですが、時間や手間の問題でゴルフレンジで練習するような頻度では行けないのも事実でしょう。しかし、バンカーショットの練習は練習場でも十分にすることができるのです。

そこで普段みなさんが行っている、普通のマットから打つ練習場でもできるバンカーショット練習方法をお教えしますが、その前に、バンカーショットのメカニズムを理解していただきます。この知識がないと、マットからバンカーショットを練習する意味が半減してしまいます。では基本的なメカニズムについて解説していきます。

バンカーはグリーンの回りにあるガードバンカーとフェアウェイの横にあるフェアウェイバンカーに大きく分けられます。そしてそれぞれ打ち方も若干異なるのです。

①グリーン周りにあるアゴの高いバンカーは「エクスプロージョンショット」という打ち方で、ボールの下の砂ごと打ち抜き、高い弾道で脱出させる。

②フェアウェイの途中にありグリーンまで距離あるバンカーでは「エクスプロージョンショット」ではなく、砂の上のボールだけをクリーンに打つ技術が必要となる。

ガードバンカーのメカニズムと練習法

まずはグリーンをガードするバンカーからのショットです。ガードバンカーではボールを高く上げてグリーンに乗せなければなりません。そのため「エクスプロージョンショット」という打ち方で、ボールの下の砂ごと打ち抜き、高い弾道で脱出させます。しかし、多くの方が誤解していますが、クラブヘッドを砂の中に打ち込むわけではないため、ボールの3㎝ほど手前を狙ってクラブを振り下ろすのは間違いです。

確かにバンカーショットではクラブヘッドがボールの下を通過しますが、正しくはクラブヘッドを砂の中に打ち込む動作はせず、通常のスイングと同じ振り方をするだけです。ただし、アドレスで足の裏を地面に埋めるという動作が必要不可欠です。

バンカー以外のアプローチショットではクラブヘッドは足の裏と同じ高さを通過します。しかし、足を砂に埋めれば、ボールの位置は足の裏よりも高くなるので、普段のスイングをすれば、クラブヘッドはボールの手前から砂に潜り、ボールの先から砂の外に出る（図㉖）というメカニズムです。

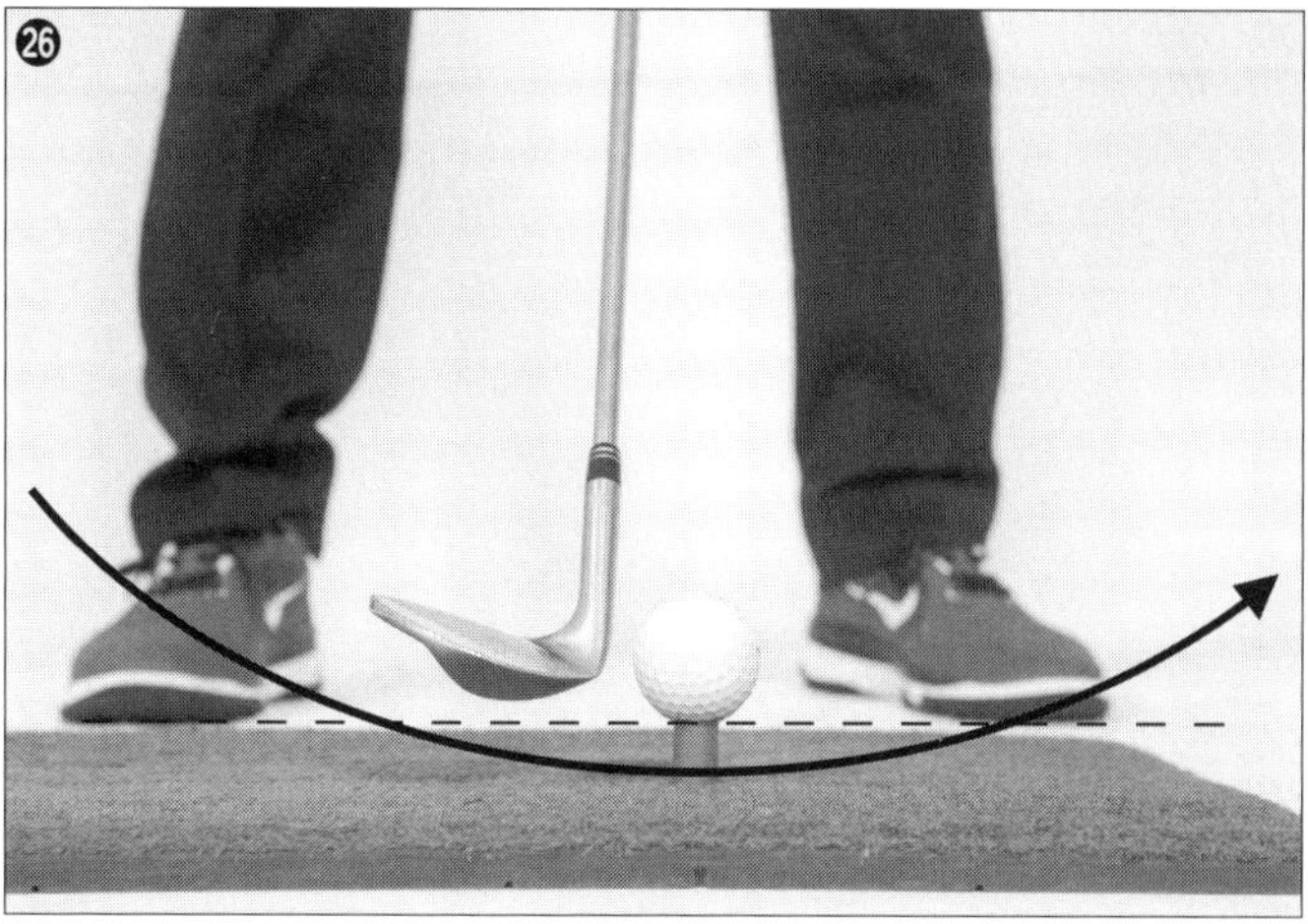

このアドレスからクラブのソールが地面に触れるスイングを行うことがバンカーショットの練習になる。

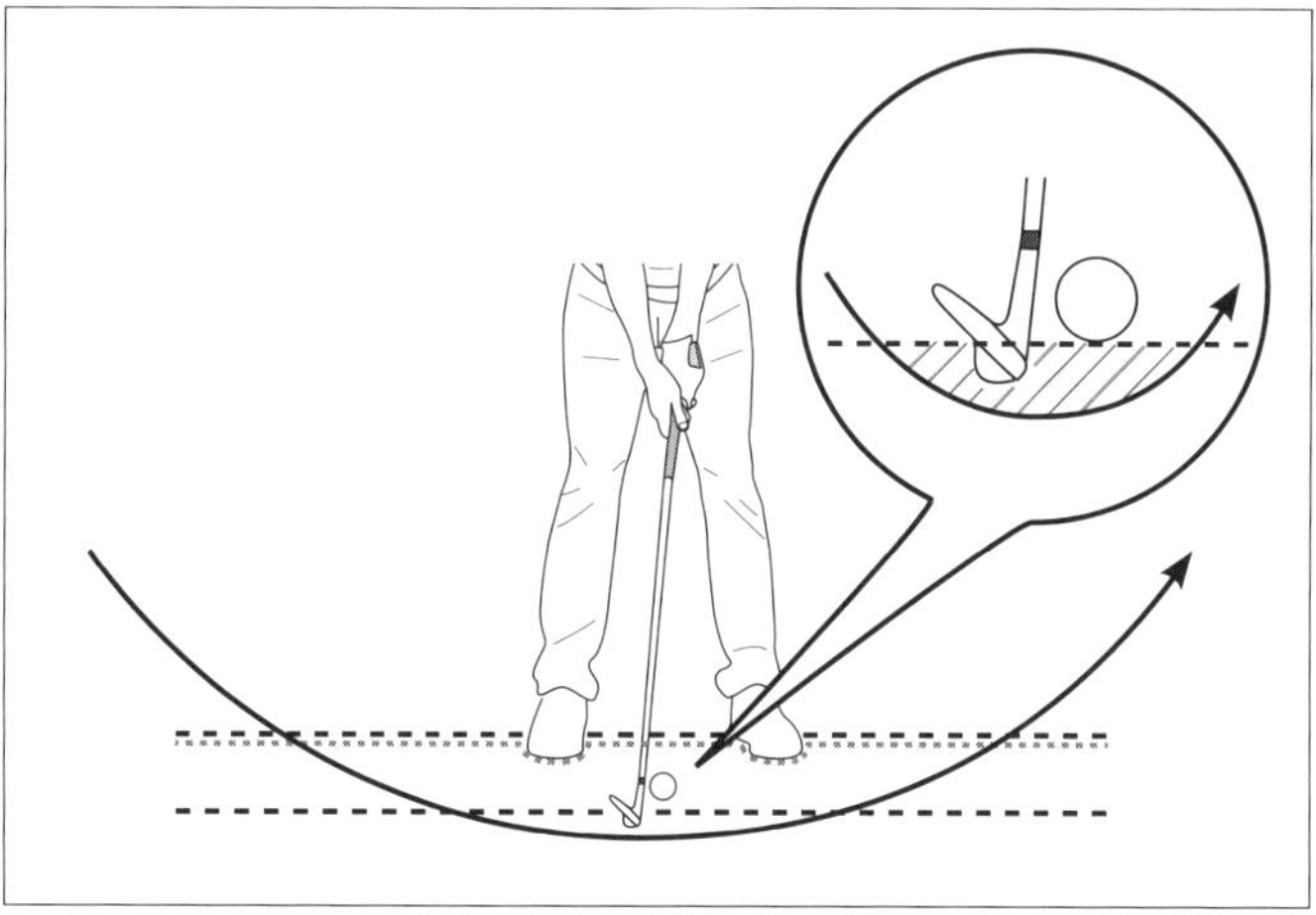

足が砂の中に埋まっているため、通常のスイングを行うとクラブのソールは砂の中の足の裏と同じ高さを通過する。

バンカーショットのスイング軌道ではインパクト時にクラブヘッドが足の裏と同じ高さを通過します。これはアドレス時、クラブヘッドが砂の中からスタートすると考えれば理解しやすいでしょう。しかし、ショット前に砂にクラブが触れるのはルール違反です。そこで、砂にクラブヘッドが触らないように、上体の前傾角度を起こしてしまうと、その姿勢は砂の上をスイングするためのアドレスになってしまいます（図㉗）。

その姿勢からクラブを振った場合、クラブヘッドは砂の中を通過しないので、クラブは直接ボールに当たり、打球は遠くに飛んでいってしまうのです。こうなると正しいバンカーショットのメカニズムを知らないゴルファーは、クラブを砂の中に打ち込むスイングをせざるを得なくなります。その結果、ヘッドの振り抜きが悪くなり、ボールは思うように飛ばず、バンカーから脱出するだけの距離も高さも不足してしまうのです。

正しくは、上体の前傾角度を変えずに手首の角度を変え、クラブヘッドを砂から出した姿勢を初めから作ります（図㉘）。このアドレス姿勢は通常のアドレスに比べて手の位置が地面に近いため、ハンドダウンしているような気がします。しかし、このアドレスから通常のスイングを行うと、インパクトでクラブヘッドは足の裏と同じ高さである砂の中を通過しエクスプロージョンショットが自然に完成します。

㉗ クラブのソールを砂に触れさせないために、上体の前傾角度を起こすのはNG。

㉘ 手首の角度を変えてクラブヘッドを浮かせて構えるのが正解。この構えはハンドダウンしているように感じるが、それで問題ない。

このガードバンカーからのエクスプロージョンショットの感覚を通常の練習でつかむには、クラブを空中に浮かせて構え、そこから通常のスイングを行ってボールをヒットします（図㉙）。

バンカーショットのメカニズムを理解していれば、この練習に含まれる次の2つのポイントが、バンカーショットに対して有効であることがわかるでしょう。

1つ目はバンカーショット用のアドレスが作れること。2つ目はインパクト時にクラブヘッドを足の裏と同じ高さで砂の中を通過させる練習になっていることです。

また、砂の上にあるボールをイメージするためにティーアップしたボールを打つのも効果的であり、さらにフェースをオープンにすればより実際のバンカーに近い感じの練習ができます（図㉚）。

この練習でバンカーショットは砂の中に強くクラブヘッドを打ち込まなければならないという考えを払拭し、アドレスを少し変えて通常のスイングを行うだけだと理解してください。クラブヘッドを砂に強く打ち込むスイングは、右腕の力みを引き起こし、それ以降のスイングも壊してしまう原因になります。

フェースをオープンにしてスイングするとボールは右に飛び出す。そこで、左に仮想の目標を作ってそこに向かってスイングしていく。

フェースをオープンにして構える場合、先にフェースの向きをセットしてからグリップを作る。グリップしてからフェースをオープンにするのは間違い。

フェアウェイバンカーのメカニズムと練習法

フェアウェイの途中にありグリーンまで距離のあるバンカーではエクスプロージョンショットは使いません。エクスプロージョンショットでは距離が出ないからです。確かに、フェアウェイバンカーに高いアゴがある場合はグリーンを狙うのをあきらめエクスプロージョンショットで脱出するしかありませんが、そうでない場合はできるだけボールを直接打ち、グリーンに近づけたいところです。しかし、足場を安定させるために砂の中に足を埋めることはしたいので、足の裏が砂の中に沈む分だけクラブを短く持ってスイングします。これで砂の上のボールだけをクリーンに打つことができます。

このスイング感覚を練習場でつかむには、低くティーアップしたボールをティーアップの高さ分だけ短く持って打つのがよいでしょう（図㉛）。

そのとき、できるだけクラブヘッドがティーを打たずにボールだけを捕らえるように打つ練習をすればより効果的です。インパクトでは腕が多少重力に引っ張られて砂を触りますが、それはインパクト後になるのでこの練習でもそれほどティーを打つ音はしません。

上体の前傾角度を変えずにクラブヘッドが砂に触れないようにするため、クラブを短く持つ。

ラフからのショット　ボールが半分見えている場合

コースでは、芝が長く伸びたラフと呼ばれる場所からショットを行わなければならないこともしばしばあります。この場合もボールがある状況によって注意点が変わるので、それぞれ説明していきましょう。

最初にラフにボールが乗っている状況から説明します。

この状況ではボールは半分だけしか芝に潜っていないと考えられます。ボールが半分以上見える状態であれば、できるだけクラブをラフの中に振り込まず、表面だけを払うように打ちます。

しかし、半分でもラフにボールが沈んでいると、クラブを強く打ち込まないとラフに負けてボールが飛ばないのではと思い、インパクトのときに右腕を伸ばしてしまうのです。そうなるとクラブヘッドはインパクト時にボールの下をくぐってしまうため、ダルマ落としのような軌道でボールはフワッと上がり、ほとんど飛ばないショットになってしまいます。

ボールの上半分が見える状態なら、クラブヘッドがボールの下を通過しないようにすれば、どのクラブでも打てる。

そのような状況を避けるために、クラブがラフの表面だけ触るようにスイングしなければならないのですが、そのためには最初にボールの高さと足の裏の高さの違いを確認する必要があります。ラフにあるボールは傾斜地でない限り、間違いなくゴルファーの足の裏のほうがボールよりも低い位置にあります。

通常の練習ではドライバー以外のクラブは、すべて足の裏と同じ高さにクラブのソールが達するように練習しているので、もし同じようにスイングをしてしまうとクラブヘッドはボールの下を通過してしまいます。

そこで、足の裏とボールの高さの差の分だけクラブを短く持ってスイングしてください。そうすることで必要以上に芝の中にクラブヘッドを通さず、スムーズな振り抜きができます。ラフは重くてクラブが振り抜けないと思っているゴルファーが多いのですが、実は自らクラブをラフの中に打ち込み、振り抜きが悪い軌道でスイングしているだけです。

短く持ってラフの上を払うようにボールを打つ感覚は、練習場ではフェアウェイバンカーの練習と同じように、ティーアップされたボールをティーの高さ分だけ短く持って打つということでつかめます。できるだけティーを打たないようにすることで、ラフに浮いたボールを直接打つ感覚が得られるのです。

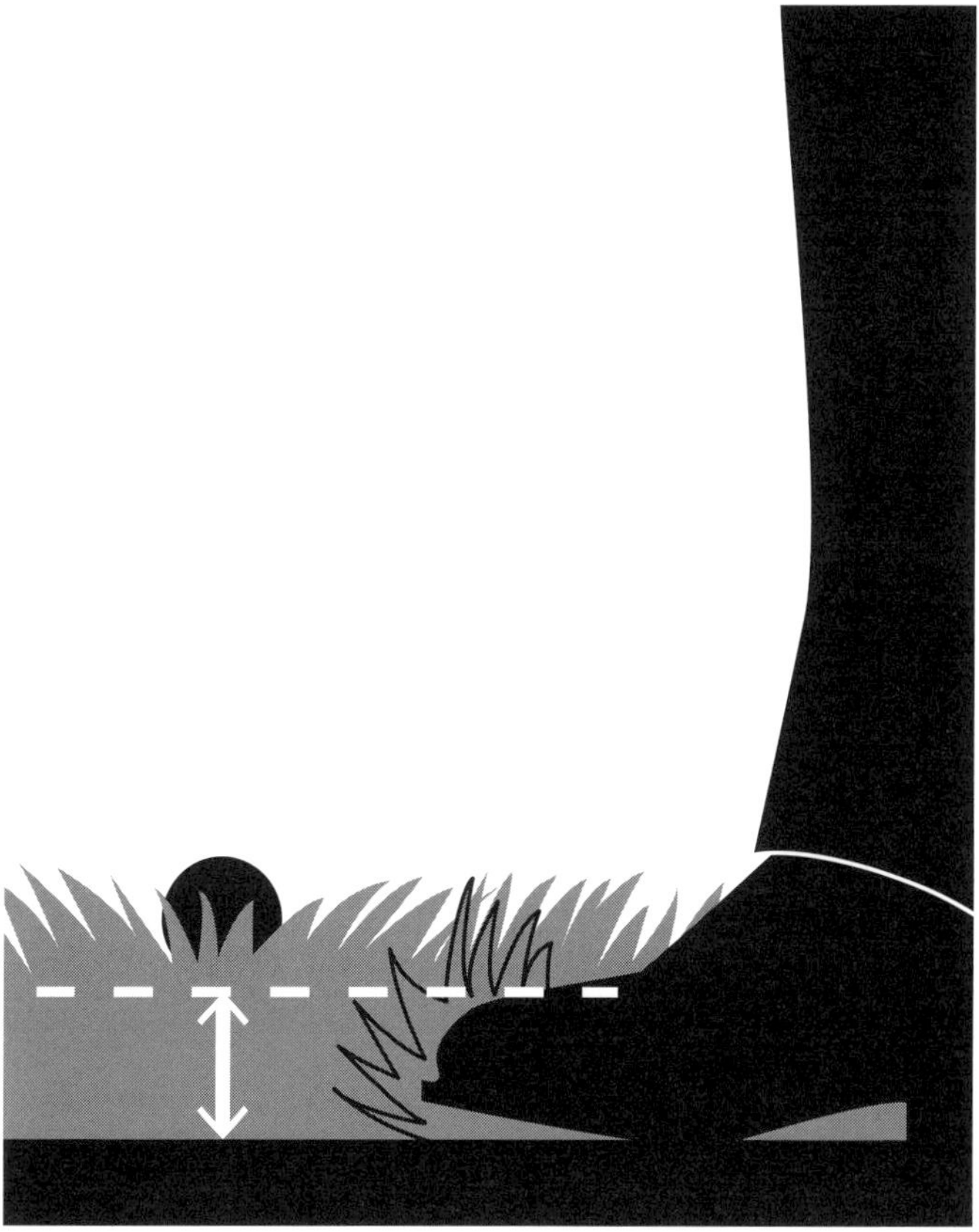

ボールが沈んでいるように見えても、ゴルファーの足の裏より高い場所にある。

ラフからのショット　ボールがラフに沈んでいる場合

次にラフにボールが半分以上沈んでいる場合です。見た目にボールが沈んでいても斜面でない限りゴルファーの足の裏よりボールは高い位置にあります。そこで、足の裏との差の分を推測し、その分だけ短く持ってスイングします。

ラフではボールの沈み具合によって、ある程度の芝を刈りながらボールに到達しなければなりません。そのためボール周りの状況とクラブの「入射角度」と「飛び出し角度」を考えます。ボールの手前の芝が長い場合は短いクラブを使います。これによりクラブの入射角が鋭角的になります。いっぽう、打ち出す方向の芝が長い場合も、ロフト角の大きなクラブを使い、ボールの飛び出し角度を高くします。また、ボールが沈んでいる場合、インパクト時にクラブヘッドのネックの部分に芝が絡みつき、フェースが返ってしまう場合が多いので、フェースを若干開きます。練習場で行うフェアウェイバンカー練習のようにフェースをオープンにしてスイングしてもよいですが（図32）、その場合、実際のラフのようにクラブフェースは返らないのでボールは右に飛び出します。

32

ティーアップした分だけ、クラブを短く持ちボールだけをヒットする。このときに上体が突っ込むとティーも打ってしまうので、できるだけボールのみを打てるように練習する。

以上のようにいろいろな状況を考えた練習をしてみるとわかるのですが、ほとんどの場合がボールと足場の高さの調整です。そのためシチュエーションによって変わる対処の種類は思いのほか多くないのです。

あとは、右腕の力みによる上体の突っ込みを防止することが重要なポイントになるので、ここだけはしっかりと覚えておいてください。

ここまでに説明したボールの置かれた状況に対応する練習を、コースラウンドのための練習（170ページ参照）に組み込んでいくと、コースでナイスショットを打つための練習がより一層充実します。

組み合わせ方は、自由に設定できるので、自分の弱点などをつぶしていくプランを作成してもいいですし、より細部のスキルアップを狙うために組み合わせを考えてもいいでしょう。

目標に合った練習メニューの組み合わせ例

ドライバー ▶ つま先上がり斜面 ▶ バンカーショット

ドライバー ▶ クロスバンカー ▶ アプローチショット

ドライバー ▶ 左足上がりフェアーウェイウッド ▶ つま先下がりアイアン ▶ 左足下がりアプローチ

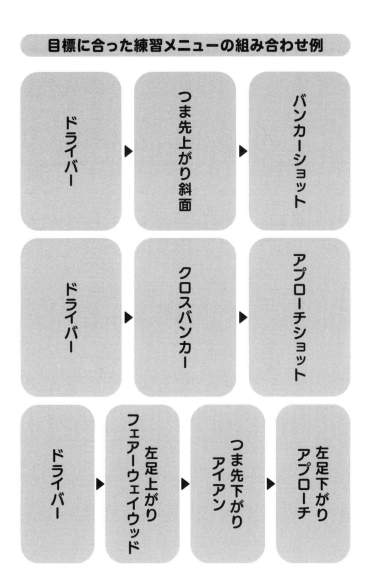

目標とするショットの調整

ここまで練習場での練習とコースラウンドを近づける方法を説明してきましたが、さらにコースで上手く打てるようになるために、次に考えなければならないのはショットの飛距離や方向性を含めた「ショットの質」です。

みなさんもテレビでプロゴルファーがボールはグリーンに乗っているにもかかわらず、首をかしげている姿を見たことがあるでしょう。アマチュアからすればグリーンオンだけで十分だと思うかもしれませんが、プロからすればミスショットなのです。本来、狙っていたのはもっとピンに近いところだったからです。もちろんその理由はバーディーを取る、60台前半のスコアでホールアウトする、優勝するというプロレベルの意識があるからです。

そう考えると、グリーンに乗っただけのショットは、打ったプロにしてみれば距離もしくは方向に納得がいかない「質の悪いショット」なのです。そして、このプロが求めたのは、もっとピンに近いところで止まる質の高いショットだったはずです。

いっぽうで１００切りを目指すゴルファーにこのような質の高いショットは必要ではあ

りません。100切りを目指すレベルのゴルファーであれば、ピンに遠くても2打でグリーンオンしていれば十分なのです。

こうした違いからもわかるようにショットの質とは「そのショットの課題達成度」であり、その課題はゴルファーのレベルによって変わるのです。つまり、目標とするスコアが高いゴルファーほど高いレベルの課題をショットに課さねばなりません。そのため、課題を間違えてしまうと目指すスコアとは無関係のショット練習を繰り返す「勘違いゴルファー」になってしまう可能性も大きいのです。

確かに練習場で同じ場所から何度も同じクラブで打ち続ければ、何球かに1球は勘違いゴルファーが満足するような高い質のショットが打てることもあるでしょう。しかし、そのようなショットはゴルフコースではまず出ないのはご存知の通りです。これも「コースで上手く打てないゴルファー」が誕生してしまう原因のひとつです。

このことをふまえて考えると、多くのゴルファーは同じクラブでポンポンと続けざまにボールを打つ練習に比べ、状況や課題別に1球ずつ丁寧に練習するとナイスショットの確率が大きく下がるのです。また、多くのアマチュアゴルファーは自分の力量に対して要求課題のレベルが高すぎるのがコースで上手く打てない原因です。

そこで、目標とするショットの質を少し下げることで、「ナイスショット」といえるショットの数を増やしていきます。こうすることで、質の高くないショットでよいという気楽さがナイスショットをコースで打つことを可能にします。こうすれば「コースで上手く打てないゴルファー」は少なくなり、同時にラウンドスコアはよくなることは間違いありません。ただし、ここで問題になるのが、どのレベルのゴルファーはどのレベルのショットが打てればいいかという基準がどこにも存在しないことです。

そこで、ここからは各段階のプレーヤーがスコアアップするにはどういったショットが必要なのかを明らかにしていきます。

レベル別に必要なショットを知ったうえで、各ゴルファーはまず自分が目指すスコアを達成してから、次の段階のショットを目指すようにしてください。

この段階的な考え方がないと結局、どのレベルのゴルファーもただテレビで見たような高弾道のロングドライブやピンそばにピタッと寄るアプローチショット、そして直接カップインするロングパット、といったまず出るはずのないショットを目標に練習する「勘違いゴルファー」になってしまいます。これはすなわち「コースで上手く打てないゴルファー」のことでもあります。

重要なのは「自分の力量に合った課題を設定すること」であり、この課題はゴルファーのレベルによって変わってくる。あまりにも、実力とかけ離れた高いレベルの課題は、ナイスショットの確率が下がるだけでなく、上達の妨げにもなってしまう。

練習に対する考え方

練習にもいろいろな方法や順序がありますが、勘違いゴルファーに共通する問題は「練習時から低レベルで納得することは上達の妨げになる」と考えてしまうことです。例えば100を切れないレベルであるにもかかわらず、精度の高いアイアンショットをひたすら求めることや、プロゴルファーが放つような弾道のドライバーショットを目指すなどがそれです。

この高すぎる目標を持つことにより、今の自分に必要なショットの質と、その質を満たすショットの打ち方の注意点がおろそかになってしまうのです。その結果、基本的なことが習得できていないのに、自分のレベルとはかけ離れた高度なショットの打ち方を練習してしまうという、効率が悪く、効果の薄い練習になってしまうのです。

すべての運動は段階的に習得していたほうが効率的です。

そこで、各段階のスコアをクリアするための条件を知って、その条件を満たすショットを練習してください。そのショットが10球中8球打つことを目標にしましょう。

各ショットの課題と意味を考える

目標スコアを達成する「ショットの課題達成度」を考えるときに参考になるのが、野球の投手継投策に対する評価基準です。

近年のプロ野球では投手の疲労を考えて、一試合9イニングスを1人で投げさせる戦術はあまり使われません。基本的パターンとしては一試合を、前半、中盤、最終回という3つに区切って3人の投手に託す継投策が主流になっています。そして、各投手には課題遂行度合いを評価するための基準が設けられています。

その基準によれば、先発ピッチャーは5回までを3失点以内に抑えることができれば「クオリティースタート」といって、先発ピッチャーの役割を果たしたと評価されます。全員を完璧に抑えるピッチングでなくても評価され、この評価はゴルフのティーショットにあたります。

ゴルフのティーショットはフェアウェイの真ん中でなくとも2打目でグリーンが狙えれば十分であり、ましてアマチュアの場合は多少ラフでもよいし、アゴが低ければクロスバンカーでもさほど問題ではありません。

なにがなんでも会心のショットと欲張る必要はなく、目標とするスコアに見合ったショットの課題達成度が重要ということなのです。こうした考え方がショットを打つときの緊張感を和らげることになり、かえっていいショットが出やすくなります。

次に、先発ピッチャーを引き継ぐ、ゲームの中盤を担当するピッチャーに対しての評価基準が「ホールド」です。この基準では、先発ピッチャーから受け継いだリードを、逆転さえされなければ1点差まで詰め寄られてもいいので、リードしたまま次の担当ピッチャーにバトンが渡せればOKとなっています。このホールドはゴルフの2打目にあたります。

ティーショットが打てる位置にあり、そこからのショットでボールをグリーン周り50ヤード以内に運べれば、2打目のショットは十分にその役目を果たしたと考えます。もちろんグリーンに乗せてもいいのですが、「何が何でもピンそば！」と思って打つとボールは、とんでもない所に飛んでOBという可能性もあります。「グリーン周りまで運べればいいや」という考えが緊張感を和らげ、会心のショットを引き出す可能性を高めるのです。

さらに、最終回を投げるピッチャーの評価基準は「セーブ」です。これは1点差にまで詰め寄られようとリードを守り切って勝つことで評価されます。ゴルフでいうところの3打目のアプローチショットに似ています。グリーン周りのアプローチショットはとにかくグリーンに乗せればOKとします。

アプローチはピンそばでなくてもよく、グリーンに乗れば目的達成なのです。そして、それを2パットでホールアウトすればパー4のホールはボギー、ワンパットならパーで上がることができます。

このように、自分のショットに3つの評価を下しながらラウンドしてみると、自分のゴルフに必要なショットとはどの程度のショットなのか、目標スコアを達成するためには何が不足しているのかもわかるようになるのです。

またミドルホールの3オンが不可能な飛距離のゴルファーの場合は、飛距離を伸ばす練習を続けながら、中盤で2回ショットする4オン狙いでゴルフをするという選択肢が生まれます。

この野球の継投策になぞって自分のショットを分析をすれば、どのショットが目標スコアを達成できなくしている原因かがわかるのです。

野球の投手継投策に対する評価基準

①「クオリティースタート」

先発ピッチャーは5回までを3失点以内に抑えることができればOK。

②「ホールド」

先発ピッチャーから受け継いだリードを、逆転さえされずに次の担当ピッチャーにバトンが渡せればOK。

③「セーブ」

1点差にまで詰め寄られようとも、リードを守り切って勝てばOK。

ゴルフにおけるショットごとの評価基準

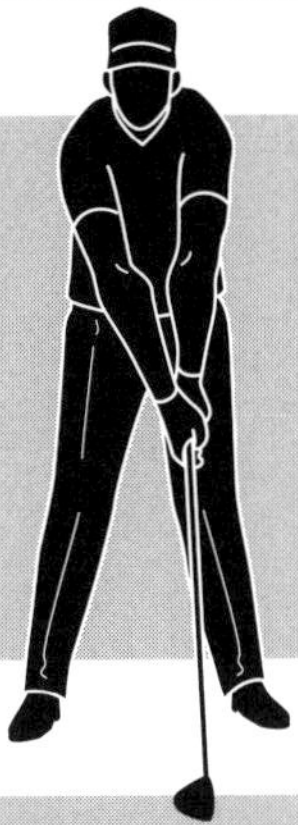

①「ティーショット」

フェアウェイの真ん中でなくとも2打目でグリーンが狙えればよく、アマチュアの場合は多少ラフやアゴが低ければクロスバンカーでもOK。

②「セカンドショット」

セカンドショットはボールをグリーン周り50ヤード以内に運べればOK。もちろんグリーに乗せてもいいが、セカンドショットがピンそばである必要はない。

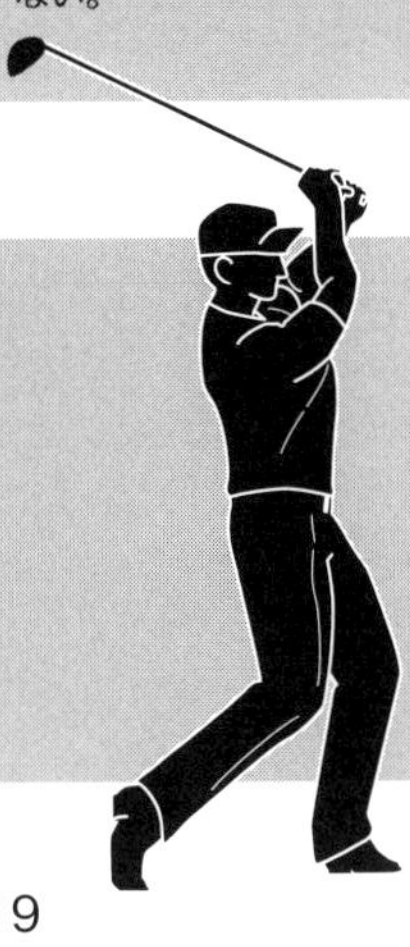

③「アプローチショット」

グリーン周りのアプローチショットはとにかくグリーンに乗せればOK。アプローチはピンそばでなくてもよく、グリーンに乗れば目的達成となる。

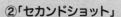

スコア別課題達成度

それでは次にスコア別にショットの課題達成度を説明していきます。

110切りの場合

110切りはダブルボギーペースでラウンドできれば達成できます。これはパーの数でグリーンに乗せて、すべて2パットなら54×2の108で回れる計算です。そこで、ハーフ54で回るために必要な条件ですが、一般的なゴルフ場では400ヤードを超えるミドルホールはハーフで1つぐらいなので、440ヤードのホールを想定し、これを4回でオンさせられれば、その他のホールは多少ミスショットが出ても4オンできると想定します。

ただし、4打目が100ヤードも残ると、110切りを目指す人がグリーンを捕らえるのは簡単ではありません。そこで、4打目が20ヤード以内のアプローチショットと想定し、3打で440ヤードからマイナス20ヤードの420ヤードを打つと想定します。すると、1打あたり140ヤードです。ティーショットは2打目以降より飛距離が期待できるので、

スコア110切りのケース「レギュラーティー」

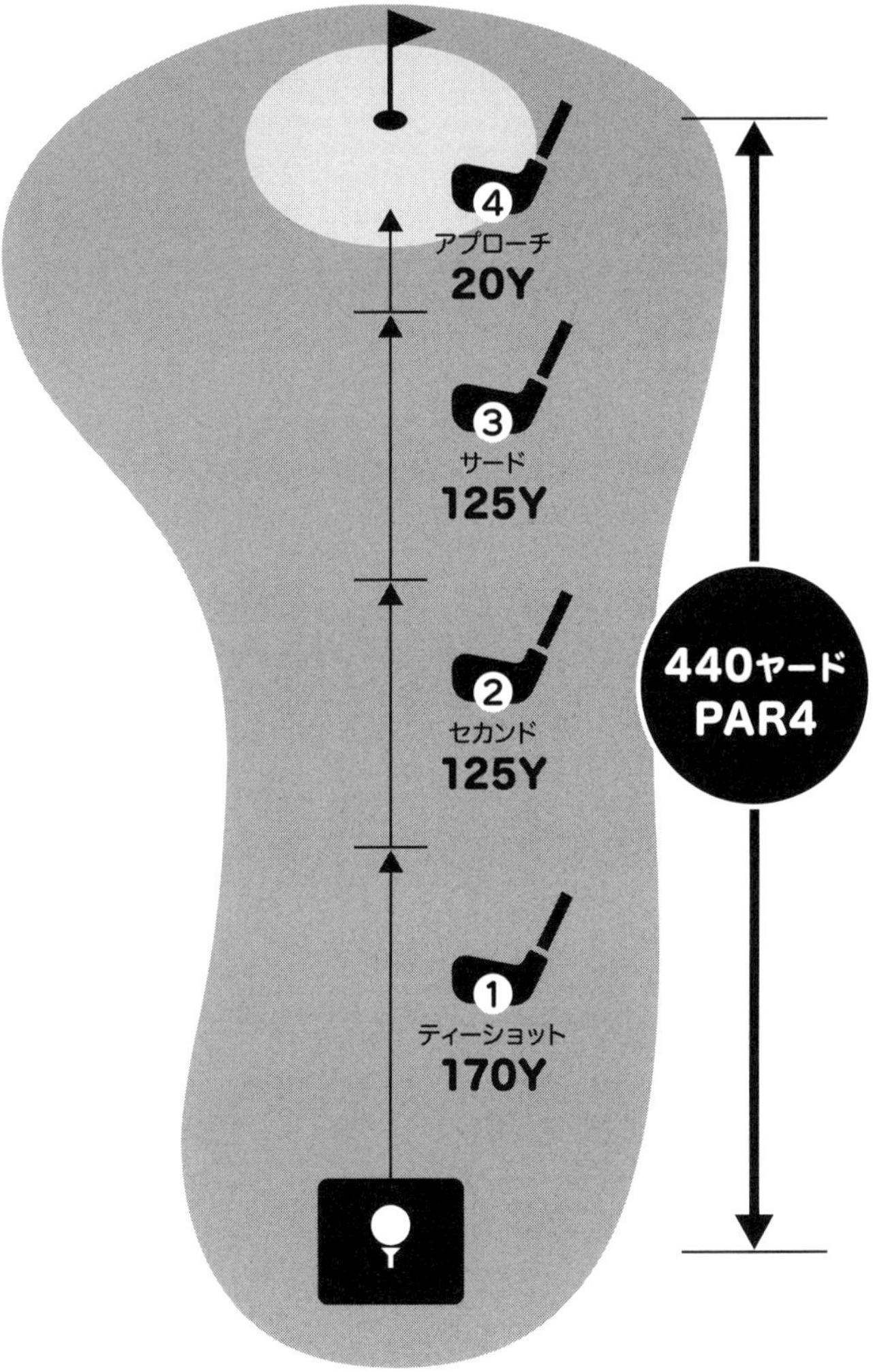

1打目を170ヤード目標として、2打目以降は125ヤード×2打とします。

この計算上の飛距離が出せれば、一番長いミドルホールを4オンさせられるうえに、それより短いホールは多少のミスショットが出ても、グリーンオンさせられるということになります。

このように考えてみると、いかに無茶振りがスコアにつながらないかわかるでしょう。コースで行う無茶振りのミスショットは練習場とは比較にならないほど強烈なものとなり、スコア悪化に直結します。そのため「コースで上手く打てない人」がここでも誕生してしまうのです。

この考え方をレディースティーから女性がプレーしたときに当てはめて考えてみましょう。最長ミドルホールを360ヤードとしてティーショットが140ヤード。2、3打目が100ヤードずつ、そして20ヤードのアプローチショットとなります。

以上のような飛距離が身に付けられれば多少のミスが出ても4オンは可能です。そして、20ヤード以内のアプローチショットでグリーンを捕らえる練習と、ロングパットを2回でホールアウトする練習を積めば54で回れるのです。アプローチショットが上手くなればなるほどロングパットも少なくなるので、ハーフで54以下のスコアも期待できます。

スコア110切りのケース「レディースティー」

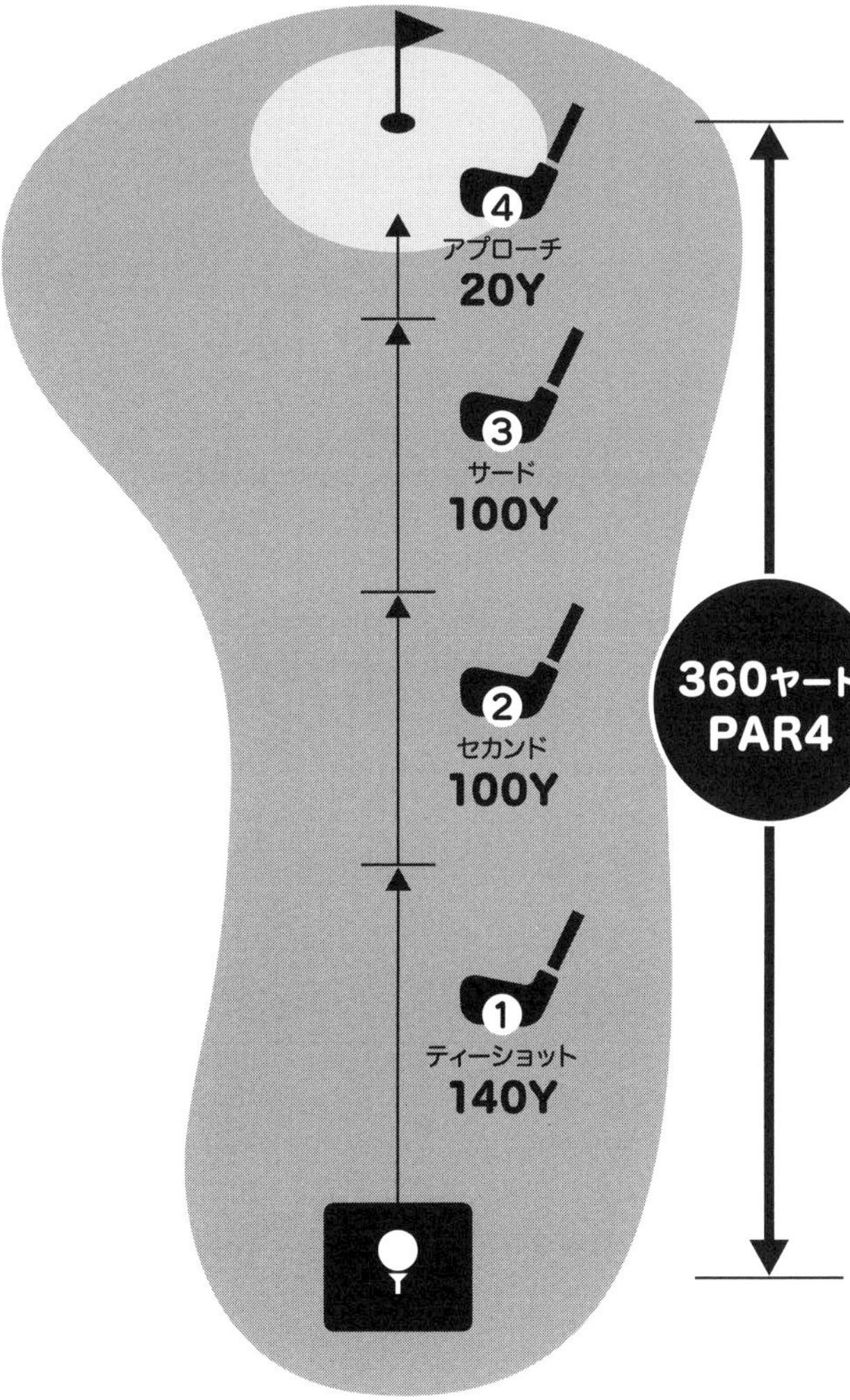

100切りの場合

100を切るためにはミドルホールで3オンを目指すのが条件です。これには440ヤード以下のミドルホールを2打で残り50ヤード以内に飛ばせる飛距離が必要です。

この飛距離を目標としながら、アプローチショットの確実性を50ヤードまで広げます。飛距離に関しては、2打で390ヤードの飛距離を目標とするので、ドライバーで210ヤード、次に飛ぶクラブで180ヤードと設定します。これにより、440ヤード以下のミドルホールは3オンが可能になります。そして、グリーン上が2パットでホールアウトすればボギー。そうなると、仮に400ヤード以上のホールがハーフで2ホールあって、その2ホールは3オンを逃して4オン2パットのダブルボギーとしても、その他のロングホールを4オン、ショートホールを2オンして2パットのボギーで上がれれば、トータル47となるのです。

そのため、100切りを目指すプレーヤーはティーショットでは210ヤード以上でセカンドが狙える位置に飛んだショットには高評価を与えるべきでしょう。そして、セカンドショットに関してもグリーンから50ヤード以内に運べたショットには、たとえ目の覚めるような高弾道のショットでなくとも問題ありません。

さらにアプローチショットでは、ボールをグリーン上に運べれば、どこに乗ってもナイスショットであり、グリーン中央に乗るのがベストと考えてください。グリーン中央にボールがある場合、よほど大きなグリーンでなければファーストパットは15ヤード以内に収まるはずです。そうなれば、パッティングが15ヤード以内のファーストパットなら、半径50センチ以内に寄せられる距離感を身に付ければ、100切りは達成できます。

90切りの場合

90切りの場合は、100切りに比べてパーの数を増やしていく必要があります。そのため、多少パーオンの数を増やさねばなりませんが、すべてのホールというわけにはいかないので、8番以下のクラブのパーオン率を高めることを目指しましょう。

そのためには8番以下のクラブの飛距離と方向性を安定させるのが第一歩です。仮に8番アイアンで130ヤードの距離が打てるようになれば、350ヤードのミドルホールではティーショットが220ヤード飛べばいいということになります。つまりティーショットの飛距離目標は220ヤードです。

また、長め400ヤード程度のミドルホールは2打でグリーン周り10ヤード以内に運べる確率を上げ、そこから寄せて1パットのパーが取れるという条件が加わります。

そうなるとセカンドショットの飛距離は最大で170ヤードは必要です。この飛距離が実現できれば400ヤード以下のホールでは多少のミスが絡んでも何とかサードショットをグリーン周りから打てるのです。ここから先はショットの飛距離を伸ばす練習を行う必要が出てきますが、100切りのときからその距離が出ているプレーヤーならば、そのショットが打てる確率を高めていけばいいということなります。こう考えると練習場ではそこそこのボールが打てる確率を高める練習が重要だとわかるのです。

いっぽうアプローチショットでは、50ヤード以内はグリーンに乗せられる技術に加えてグリーン周り、だいたい10ヤード以内からのアプローチショットを1ピン以内に寄せる技術と、それを入れるパター技術が必要になります。

そこで100切りのアプローチとパット練習は続けながら、さらに2メートル以内のパットをカップインさせる確率を高める練習を取り入れてください。これにより、パーの数を増やし、パーの数がダブルボギーの数を上回るようにしていくことで、それ以外のホールがボギーならば90は切れるという計算ができます。

80切りの場合

80を切るということになるとハーフでパーオンを3回し、パーを3回取り、その他に寄せワンのパーが3つ、ボギー3つで乗り切るという実力が必要です。そのため400ヤード以下のホールのパーオン率を高めるためにドライバーの飛距離を230ヤードまで伸ばし、170ヤードぐらいのショットの正確性を高める練習が必要です。

このように、目標スコアに対して必要なショットの質がわかったら、ショットの質を上げる練習より、目標スコアを達成するために必要なショットの課題を達成する確率を高めるための練習をしてください。

確かに上達のためにはポンポン打つ練習でより高いショットの質を高めることも必要です。しかし、目標スコア達成に必要なショットの質を満たすショットが打てる確率を上げる練習をしない限り、コースでスコアが出せるのは難しいのも事実なのです。

以上、この章ではコースと練習場の違いを説明し、それに対応するための練習法を紹介したうえで、練習目標とすべきショットの質についても説明しました。確かに本書の通りに練習すると、初めは質の高いショットが打てる確率は下がるかもしれません。しかし、それがその時点での自分の実力であるということなのです。

ここまでに解説した内容で、練習場でもコースと大きく違わない状況の練習ができることはおわかりいただけたでしょう。そして、地味ながらも効果の高い練習を続けることが「コースで上手く打てない」という状況から脱出できる一番の近道であることも忘れないでください。

ここでもう一度再認識してもらいたいのは「状況が変わってもアマチュアプレーヤーはできるだけクラブの振り方は変えない」ということです。

多くの指導書では、コース内のさまざまな状況に対応する方法として、アップライト気味、フラット気味、インサイドアウト気味、カット軌道で、というようにクラブの振り方をころころ変えるようなアドバイスをしています。たしかに読者からすれば技の引き出しが増えるような気がして、すべてを習得したくなるのも理解できます。しかし、実際のショット練習での最重要課題は「安定したショットを打つためにスイング軌道を一定にすること」なのです。

そのため、コース内のさまざまな状況に対してスイングの仕方を変えるということはおすすめできません。練習場に比べて難しいとされるコース環境の中で、通常練習していないクラブの振り方がすぐにできるほど、ゴルフスイングは簡単ではないのです。そして、これは通常の安定したスイングをすることを目指す練習に対しては大きな矛盾となります。

本書ではこのような矛盾を犯さないために、次のことを守ってほしいと考えています。それはコース内のさまざまな状況には、できるだけクラブの振り方は変えずにアドレスでの対応をする、ということです。

そして、アドレスで対応できない場合は、無理をしないで小さいスイングで打ちやすい場所へ打つという対処をすべきなのです。その理由は「アマチュアゴルファーの場合、コース内でスイングが崩れてしまうともとに戻すのが難しく、その日一日調子が戻らない」からに他なりません。

これまでに何回も書きましたが、アマチュアゴルファーにとってもっとも大切なのは「クラブの振り方は変えない」ということです。

おわりに

熱心にレッスンに通う私のスクール生であり、いつも私を応援してくれている中学時代の同級生から何冊目かの本を出版した時にこんなことをいわれました。

「君の本はこれだけ多く世に出ているにも関わらず一冊たりとも同じ内容のものがない。これはすごいことだと思う。しかし、私が本当に読みたい本を君はまだ書いていないね」

少しびっくりしましたが、読みたい本とはどんな内容なのかと聞いたところ、「君の考えで書く、コースで上手く打てない人のための本」だといわれたのです。

しかし、その類の本はすでにある程度の数、出版されていることを知っていたので「そんな内容の本はいくらでもある」と答えたのです。普通なら、ここで会話も終わるのでしょうが、彼は続けてこういいます。

「今までに出版された本は、その内容のほとんどがメンタル面を中心に書かれている。緊張するなとか、グリーンから逆算しろだとか、そんなものばかりで、ゴルフを楽しみたいと思うアマチュアゴルファーの想いとはかけ離れているんだよ。たまにはよいスコアで上がりたい、できれば1ラウンドで何回かはナイスショットが打てればいいという、僕みたいなアマチュアは、メンタルを鍛えてラウンドに臨むとか、きっちりと戦略を立てて、コースを攻略したいというレベルまで取り組もうとは思わないんだ。読みたいのは、ラウンドがある程度上手くいくための、技術的なことがきちんと解説されているものだね」と。

確かにゴルフコースで上手く打てないゴルファーのための書籍は、ほとんどがメンタル面からのアプローチになっています。そして往々にしてメンタル面の話は意外とわかりにくいため、私はその時から情報収集を開始しました。

ゴルフは多くの方が熱心に練習しています。しかし、その反面、多くのアマチュアゴルファーが練習場では上手く打てるようになったのに、ゴルフコースでは今一つその上達が反映されないと嘆いています。なかには「もう練習してもこれ以上の上達は無理だ」と諦めてしまう人も少ないでしょう。

それを踏まえ上で、今回まとめた本書はメンタル面のことにはほとんど触れていません。スイングの中でコースに出ると変化してしまう部分、普段の練習の仕方、自分へ課すべき課題などに触れながら、コースでのナイスショットを増やすという内容です

練習場でのショットがコースで打てないと悩んでいる方、上達を諦めてしまった方、ぜひ本書を参考にして、もう一度練習場に足を運んでください。必ずレベルアップしたラウンドが実現するはずです。

安藤秀

コースで会心《かいしん》のショットが百発百中《ひゃっぱつひゃくちゅう》になる
完全《かんぜん》なゴルフスイング

2020年3月2日　初版第1刷

著　者――――――――――――――安藤《あんどう》　秀《しゅう》
発行者――――――――――――――坂本桂一
発行所――――――――――――――現代書林
〒162-0053　東京都新宿区原町3-61 桂ビル
TEL／代表　03(3205)8384
振替00140-7-42905
http://www.gendaishorin.co.jp/
カバーデザイン――――――――――吉﨑広明（ベルソグラフィック）
本文デザイン・組版―――――――大西タクヤ
本文イラスト―――――――――――株式会社ウエイド
編集協力―――――――――――――株式会社エクスレーヴ　阿部至晃
撮影協力―――――――――――――才川淳（日本プロゴルフ協会ティーチングプロ）

印刷・製本：(株)シナノパブリッシングプレス
乱丁・落丁本はお取り替えいたします。

定価はカバーに
表示してあります。

ISBN978-4-7745-1809-1 C0075